IIk⁷/1084

GUIDE-POCHE

DE

L'ÉTRANGER A BORDEAUX

ET

DANS LA GIRONDE

BORDEAUX

Imprimerie générale de Mme CRUGY, rue et hôtel St-Siméon, 16.

GUIDE-POCHE

DE

L'ÉTRANGER A BORDEAUX

ET

DANS LA GIRONDE

avec un **Plan** annexé;

Par RAOUL L. DE LAMORILLIÈRE.

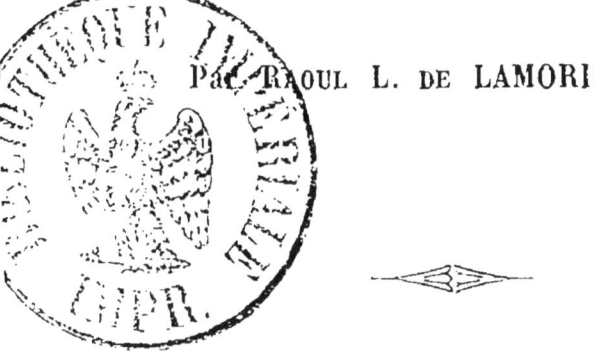

BORDEAUX
CHEZ LES PRINCIPAUX LIBRAIRES
—
1857

AVANT-PROPOS.

Les Guides de l'Étranger à Bordeaux, dans toute l'acception de ce mot, n'ont jamais été compris par ceux qui les ont publiés. Auteurs et éditeurs ont toujours manqué leur but, et ils ont peu servi, par conséquent, de *cicerone* aux nombreux visiteurs qui nous arrivent journellement.

L'établissement des chemins de fer, qui font aujourd'hui de Bordeaux une *tête de lignes* importante, nous met dans la nécessité de publier un *vade mecum* des plus complets.

Nous n'avons pris, dans tous ceux qui ont paru déjà, que juste ce qui est utile.

Un Guide n'est point un livre rempli de dissertations. Il doit indiquer, expliquer très-succinctement, et faire rapidement l'historique de ce qui fixe l'attention.

C'est avec de telles idées que nous avons entrepris ce travail minutieux. Le visiteur d'une grande ville a droit à une hospitalité gracieuse et instructive.

GUIDE-POCHE

DE

L'ÉTRANGER A BORDEAUX

ET

DANS LA GIRONDE

DÉPARTEMENT DE LA GIRONDE.

Le département de la Gironde est un des plus beaux et des plus riches de France.

Il est borné au nord par la Charente-Inférieure, au sud par les Landes, à l'est par la Dordogne et le Lot-et-Garonne, à l'ouest par l'Océan.

Son étendue est de 900,000 hectares, et sa population, en 1856, était de 640,757 habitants.

Il se compose de six arrondissements : Blaye, Libourne, La Réole, Bazas, Lesparre, et Bordeaux, qui en est le chef-lieu.

C'est le siége du 2e archevêché de France, la 14e division militaire, la 29e conservation des forêts, et le 4e arrondissement maritime.

Il y a sur les côtes trois phares : 1º celui de Cordouan; 2º celui de la Pointe-de-Grave; 3º et celui du cap Ferret, à Arcachon.

BORDEAUX

La ville de Bordeaux est bâtie sur la rive gauche de la Garonne, et forme sur ce fleuve un immense fer à cheval en forme de croissant, comme le port de Constantinople.

Sa population est (1856) de 149,928 habitants, et elle est divisée en six cantons ou justices de paix.

Bordeaux, ancienne capitale de la Guienne, fut fondée par les *Bituriges Virisques*, longtemps avant le règne d'*Auguste*. Elle servit, pendant des siècles, de résidence aux ducs d'Aquitaine.

Elle resta sous la possession des Anglais jusqu'en 1451, époque à laquelle ils furent expulsés, et elle tomba au pouvoir des rois de France.

Le sol de Bordeaux, ou plutôt de la Gironde, est surtout célèbre pour la production de ses excellents vins, dont la renommée est universelle. Bordeaux est distant de Paris de 596 kilomètres.

Bordeaux est la patrie du poète Ausone, de saint Paulin, de Montesquieu, de Desèze, de Martignac, de Ravez, d'Henri Fonfrède, etc.

Son vaste port peut contenir 1,200 navires du plus fort tonnage. On y fait des armements pour tout pays.

Son principal commerce consiste en vins et alcools. Celui des prunes et de la morue y est aussi d'une certaine importance.

On compte dans la ville 560 rues; 20 cours ou fossés; 6 allées; 51 places; 20 passages; 52 chemins; 100 impasses; 3 routes; 4 ruelles; 1 cale et 11 quais.

Ses quartiers peuvent se diviser en trois catégories bien distinctes :

1° Celui du *Grand-Théâtre*, compris entre les Fossés qui partent de la porte des Salinières jusqu'aux marais de Belleville, en traversant la place d'Armes, et entre la place des Quinconces jusqu'à la croix de Seguey ;

2° Celui de *St-Michel*, partant des Fossés et comprenant tout le côté sud de la ville ;

3° Et enfin celui des *Chartrons*, partant des Quinconces et comprenant tout le côté qui porte ce nom.

Les mœurs des habitants et leur existence diffèrent essentiellement entre elles.

Le quartier du Grand-Théâtre est spécialement affecté au commerce de toute sorte, et sa population est presque toute marchande. C'est le rayon des hôtels, des administrations, des banquiers et des boutiquiers.

Le quartier de St-Michel ne renferme

que des usines, des raffineries, et principalement la population ouvrière de la ville. C'est dans ce quartier qu'on trouve encore la véritable grisette bordelaise.

Le quartier des Chartrons est la réunion de toutes les puissantes maisons de vins et de spiritueux. Ce quartier est surtout habité par des Anglais et des Allemands qui ont pris droit de cité à Bordeaux. On y remarque la somptuosité des demeures des négociants et l'immensité des chais de ce quartier. Les rues aboutissant au quai sont encombrées d'ateliers de tonnellerie.

HOTELS ET RESTAURANTS.

1º Hôtel de France, rue Esprit-des-Lois, nº 11. — 200 lits; appartements somptueux. — Table d'hôte à 5 heures 1/2, à 4 fr., vin en plus. — On y parle toutes les langues. — Clientèle princière et aristocratique. — Commerce de vins fins.

2º Hôtel Richelieu, fossés de l'Intendance, nº 4. — 80 lits; le mieux situé de Bordeaux. — Table d'hôte, 3 fr., vin en plus; restaurant à la carte. — Toutes les langues. — Commerce de vins fins. — Clientèle parisienne et riche.

3º HÔTEL DE LA PAIX, fossés du Chapeau-Rouge, nº 40. — 120 lits; table d'hôte, à 5 heures 1/2; restaurant à la carte. — Commerce de vins fins et ordinaires. — Dépôt des fameux pâtés de perdreaux Sansot. — Clientèle aristocratique et bourgeoise. — Toutes les langues.

4º HÔTEL DES AMBASSADEURS, fossés de l'Intendance, nº 14. — 66 lits. — Table d'hôte, 3 fr. 50, à 5 heures 1/2. — Restaurant. — Clientèle espagnole et de voyageurs de commerce.

5º HÔTEL DE LONDRES, place de la Comédie, nº 4, en face du Grand-Théâtre. — Riches appartements meublés; restaurant à la carte. — Clientèle parisienne et anglaise.

6º HÔTEL DE PARIS, allées d'Orléans, nº 22 (Quinconces). — Table d'hôte à 5 heures 1/2, à 3 fr., sans vin. — Clientèle parisienne. — Artistes.

7º HÔTEL DES AMÉRICAINS, rue de Condé, nº 4. — 40 lits. — Table d'hôte et restaurant. — Clientèle de voyageurs de commerce et américaine.

8º HÔTEL MARIN, rue Esprit-des-Lois, nº 23. — Clientèle de voyageurs de commerce.

9º HÔTEL DES DEUX CHARENTES, même rue, nº 21.

10º HÔTEL DES QUATRE-SOEURS, cours du XXX Juillet, nº 6. — Clientèle espagnole.

11º Hôtel de Nantes, rue Esprit-des-Lois, nº 25.

12º Hôtel des Voyageurs, rue du Pont-de-la-Mousque, nº 10. — Appartements, restaurant à la carte. — Nombreuse clientèle du département et des environs. — Excellent service.

13º Hôtel Lambert, rue Gobineau, nº 3. — Spécialement fréquenté par les voyageurs de commerce.

14º Hôtel Andrieu, place du Chapelet, nº 1. — Déjeuners et dîners à prix fixe. — Clientèle de la ville et de voyageurs.

En outre de ces principaux hôtels et restaurants, on en trouve une grande quantité d'autres dans les rues Mautrec, du Pont-de-la-Mousque, et dans le quartier de la douane et des quais, jusqu'à la porte de la Monnaie.

Les restaurants du *Chapon-Fin*, rue Montesquieu, nº 7; des *Frères Provençaux*, rue J.-J. Rousseau; de Maillet, rue Buffon, nº 7, et de Bontou, rue Porte-Dijeaux, sont aussi très-fréquentés.

PRINCIPAUX CAFÉS.

Les principaux cafés sont :

1º Le Café de la Comédie, sous le péristyle du théâtre, avec terrasse pour l'été. — Déjeuners à la fourchette jusqu'à une heure. — Clientèle de rentiers.

2º LE CAFÉ DE BORDEAUX, place de la Comédie. — Déjeuners et dîners; très-fréquenté par le haut commerce et les gens de bourse.

3º LE CAFÉ CARDINAL, cours du XXX Juillet, nº 2. — Voyageurs.

4º LE CAFÉ BIBENT, maison Gobineau. — Voyageurs.

5º LE CAFÉ MONTESQUIEU, cours du XXX Juillet, un des plus beaux cafés de France.

6º LE CAFÉ DU PÉRISTYLE DE TOURNY, allées de Tourny.

7º LE CAFÉ HELVÉTIUS, place de la Comédie.

VOITURES DE PLACE.

RÈGLEMENTS DE POLICE.

Elles stationnent : 1º sur le Chapeau-Rouge; 2º sur les allées de Tourny; 3º sur la place Dauphine; 4º sur la place de la Bourse; 5º sur la place Lainé; 6º devant les grilles du Jardin des Plantes; 7º rue Esprit-des-Lois; 8º allées d'Orléans; 9º sur la place de Tourny.

Indépendamment des voitures de place, il y a depuis 1856 diverses compagnies de coupés de remise à un cheval, et qu'on paie à raison de 2 fr. l'heure.

La course des voitures de place est, pour l'intérieur de la ville, fixée comme suit :

Fiacres et calèches.

De six heures du matin à minuit.

Pour chaque course....................	1f 75c
Pour la première heure.............	2 »
Pour chacune des autres heures...	1 75

De minuit à six heures du matin.

Pour chaque course....................	2f 75c
Pour la première heure.............	3 »
Pour chacune des autres heures...	2 50

Citadines.

De six heures du matin à minuit.

Pour chaque course....................	1f 50c
Pour la première heure.............	1 75
Pour chacune des autres heures...	1 50

De minuit à six heures du matin.

Pour chaque course....................	2f »c
Pour la première heure.............	2 50
Pour chacune des autres heures...	2 25

Les voitures pourront être prises à la journée, qui sera de douze heures; et, sur ces douze heures, il en sera accordé deux au cocher pour rafraîchir ses chevaux. Le prix de cette journée demeure fixé à 15 fr.

Les courses à l'heure seront payables par fraction de quart d'heure, à l'exception de la première, qui sera toujours payée en entier. De sorte que, si la première heure est dépassée, le quart sera dû sur la seconde; le quart de la seconde dépassé, la demi-heure sera due; ainsi de suite.

Tout cocher pris avant minuit, et qui arrivera à destination après cette heure, n'aura droit qu'au tarif du jour pour la première demi-heure.

Celui qui aura été pris avant six heures du matin, et qui n'arrivera à destination qu'après cette heure, aura droit au tarif de nuit, mais seulement pour la première demi-heure.

Un arrêté préfectoral, du 29 juin 1854, a complété les dispositions ci-dessus :

Le prix de la course, pour conduire les voyageurs aux gares de chemin de fer en dehors du rayon de l'octroi de Bordeaux, est fixé, savoir :

Pour fiacres et calèches, à .... 2^f »c
Pour citadines ou coupés, à 1 75

Les cochers transporteront, sans augmentation des tarifs ci-dessus fixés, les paquets et les bagages des voyageurs, toutes les fois que le volume et la nature de ces objets permettront de les placer dans l'intérieur de la voiture.

Les droits de péage, aller et retour, pour passage du Pont, seront à la charge des voyageurs.

Les courses hors barrière se paieront à l'heure; le prix est fixé ainsi qu'il suit :

Fiacres et Calèches.

De six heures du matin à minuit.

Pour la première heure............	3f »c
Pour chacune des autres heures...	2 50

De minuit à six heures du matin.

Pour la première heure............	4f »c
Pour chacune des autres heures...	3 »

Citadines ou Coupés.

De six heures du matin à minuit.

Pour la première heure............	2f 50c
Pour chacune des autres heures...	2 »

De minuit à six heures du matin.

Pour la première heure............	3f 50c
Pour chacune des autres heures...	2 50

Les cochers devront faire 8 kilomètres à l'heure au moins.

Le retour à vide sera payé moitié prix de la course d'aller.

Si les voyageurs désirent rester quelques heures

à la campagne avant de revenir en ville, la première heure d'attente ne sera pas comptée, les autres seront payées moitié prix.

Les voyageurs paieront pour le retour le même prix que pour aller ; il ne sera rien réclamé en sus pour une heure d'attente. Si la distance parcourue est de plus de 12 kilomètres, le cocher aura le droit de laisser reposer ses chevaux une heure avant de repartir.

Toutes les fois que la distance de la course, pour aller, excédera 16 kilomètres, le prix pourra être débattu entre le cocher et les personnes qui voudront l'employer.

Les prix de location à la journée, pour les courses hors ville, ne pourront excéder 18 fr. pour les fiacres et calèches, et 15 fr. pour les citadines ou coupés.

Les cochers sont tenus de donner à tous les voyageurs le numéro de leur voiture en cas de réclamation.

OMNIBUS.

1º LES BORDELAISES. Trajet : de la Croix-de-Seguey à la place de la Comédie, 15 c., et de là à la place d'Aquitaine, 15 c. — Toutes les cinq minutes.

De la place de la Comédie à la barrière de Pessac, 15 c., et de là à Pessac, 15 c. — Toutes les demi-heures.

De la place de la Bourse à la Chartreuse 15 c., et de là à Mérignac, à la Remonte, à la Glacière, aux Eyquems, 15 c. — Aux heures.

Correspondances sur Talence, place d'Aquitaine, pour le Moulin-d'Ars et le Pont-de-la-Maye; sur le Bouscat, le Vigean, Blanquefort.

2º LES MAITRES-COCHERS. Trajet : de la place Richelieu au Moulin de Bacalan, 15 c.; de là au passage de Lormont, 15 c. — Pour le Moulin, chaque cinq minutes; pour le passage de Lormont, aux demi-heures; le soir, à huit heures, jusqu'à onze heures et demie : Cours du XXX Juillet, 2, pour les quais des Chartrons.

3º NOUVELLES BORDELAISES. Trajet : De la Croix-Blanche à la place de la Comédie, 15 c.; de là à La Bastide, 25 c. — Aux demies pour La Bastide.

De la place Bourgogne à la place Dauphine, 15 c.; de là à la place Picard, 15 c. — Chaque cinq minutes.

De la place de la Comédie à Pessac et à la barrière : chaque demi-heure; 15 c. par station. Au Tondu, 15 c.

De la place de la Comédie à Caudéran, 30 c. — Chaque demi-heure.

Du cours du XXX Juillet, nº 2, au Vigean, au Bouscat, à Blanquefort, à Eysines.

4º NOUVELLES FRANÇAISES. Trajet : de la place de la Comédie à la place des Capucins, 15 c.

De la place de la Comédie à Bègles, 45 c. — Aux heures.

5º NOUVELLES RIVERAINES : des fossés du Chapeau-Rouge, nº 54, à l'Hospice des Enfants-Trouvés, 15 c. ; de là au pont de Brienne, 15 c. — Chaque quart d'heure.

6º LES LABORIEUSES : du quai de la Bourse à Bas sens. — Aux heures.

7º LES CARBONBLANNAISES : du quai de la Douane à Lormont, au Carbon-Blanc et à Ambarès.

8º Vᵉ THOURET ET COMP. : pour Eysines et Pessac, cours du XXX Juillet, nº 2. — Aux heures.

9º OMNIBUS DE MONREPOS, fossés du Chapeau-Rouge. — Aux heures.

10º OMNIBUS DU CHEMIN DE FER DE PARIS. — Cours du XXX Juillet, nº 10 ; — quai des Chartrons ; 76. — place Dauphine, nº 22 ; — et place d'Aquitaine, 14.

1º OMNIBUS DU CHEMIN DE FER DU MIDI. — Cours du XXX Juillet, nº 8 ; — quai des Chartrons, nº 76 ; — place Dauphine, nº 22 ; — place d'Aquitaine, nº 14 ; — et quai des Salinières, nº 1.

Nota benè. — 1º Toutes ces voitures ont le prix des places et des colis affiché dans l'intérieur. — On paie sa place aussitôt entré dans les voitures.

2º Des registres sont déposés dans les bureaux des omnibus des chemins de fer, pour recevoir les plaintes que les voyageurs pourraient avoir à porter contre les conducteurs ou les postillons.

VOITURES DU DEHORS.

MESSAGERIES.

1º Rochefort, Saintes et Jonzac. — Bureaux hôtel Richelieu, fossés de l'Intendance, nº 4; départ à sept heures du matin, par le bateau à vapeur de Blaye.

2º Lesparre, cours du XXX Juillet, nº 2, à cinq heures du soir.

3º Ludon et Macau, cours du XXX Juillet, quatre heures du soir, 2 fr.

4º Castelnau, Listrac et St-Laurent, allées de Tourny, nº 4, à quatre heures soir.

Pour Margaux, à quatre heures du soir, cours du XXX Juillet, nº 10.

5º Blanquefort, *idem*, six heures et neuf heures du matin, deux heures et cinq heures du soir, en été; sept heures et onze heures du matin, quatre heures du soir, en hiver.

6º St-Médard, sept heures du matin, midi, cinq et six heures du soir.

7º Le Haillan, huit heures et dix heures du matin; une, trois et six heures du soir.

8º La Brède et Léognan, place d'Aquitaine,

n° 16, à six heures et demie du matin, et quatre heures du soir.

9° Le Pont-de-la-Maye et Talence, toutes les demi-heures.

10° Les Belinoises, route de Bayonne, n° 4. Pour Belin et Lipostey, deux départs par jour.

Pour Gradignan, en été, six départs; en hiver, trois.

VOITURES DE LA BASTIDE.

Pour Brannes, à six heures du matin et à une heure du soir.
— Cubzac et St-André, à toute heure.
— Créon, à sept heures du matin et à trois heures du soir.
— Camblannes, Quinsac et Langoiran, huit heures du matin et trois heures et demie du soir.
— Sauveterre, à dix heures du matin et deux heures du soir.
— La Souys, Floirac, Bouillac et Latresne, toutes les heures, avec correspondances pour Cénac et St-Caprais matin et soir.

Quant aux autres destinations hors du département, les compagnies de chemins de fer se chargent, par leurs correspondances, de tous transports. Les bureaux de voyageurs et de la *grande vitesse* sont établis, pour la ligne de Paris, allées de Tourny, n° 1, et pour la ligne du Midi, cours du XXX Juillet, n° 8. Ceux des marchandises pour *petite vitesse* sur Paris et embranchements, sont situés sur le quai Louis XVIII, n° 8.

L'administration du chemin de fer d'Orléans a son siége principal à la gare de La Bastide. Celle des chemins du Midi a le sien cours de Gourgues, 8.

Les omnibus et les voitures particulières partent des divers bureaux à heure fixe, environ demi-heure avant chaque départ des trains. Elles se chargent du transport des bagages qui paient un supplément par chaque colis. Les tarifs sont affichés dans chaque voiture.

BATEAUX A VAPEUR.

HAUT DE LA RIVIÈRE.

1° Quai de la Grave. Bureaux, cours du XXX Juillet, n° 2.

Pour AGEN, à cinq heures du matin. Premières, 4 fr. 50 c. Secondes, 3 fr.

Pour LA RÉOLE, en été, à trois heures du soir; en hiver, à une heure du soir. 1 fr. 75 c. et 1 fr.

On porte les bagages *franco*. Ces bateaux font tous les ports intermédiaires en montant et en descendant.

A Agen, des diligences correspondent avec les Pyrénées et tout le Midi. On arrête ses places pour les correspondances cours du XXX Juillet, n° 2, et aux messageries, même cours, n° 10.

BAS DE LA RIVIÈRE.

2° Quai vertical, en face des Quinconces, du 1er mars au 30 avril :

Pour PAUILLAC, ST-ESTÈPHE et les ports intermédiaires.

Du 1er mai au 1er septembre : sept heures du matin et trois heures du soir.

Du 1er septembre au 1er novembre : à sept heures du matin et à deux heures du soir.

Du 1er novembre au 1er mars : PAUILLAC, à huit heures et neuf heures du matin.

Du 1er novembre au 1er mars : BLAYE, à sept heures du matin et deux heures du soir.

3° En été, il y a deux bateaux par semaine pour ROYAN, à huit heures du matin.

4° La Compagnie DUMEAU, qui vient de causer une révolution dans les prix des transports, et la célérité des bateaux, dans le bas de la rivière, a également deux départs par jour, pour :

Pauillac, à 6 h. 1/2 du matin et 3 h. du soir.

Retour, à 5 h. 1/2 du matin et 1 h. du soir.

A partir du mois de juin, cinq bateaux de cette puissante compagnie font le service de Royan jusqu'en novembre, et partent de Bordeaux les *mardi, jeudi* et *samedi,* à huit heures et demie, et reviennent de Royan les *lundi, mercredi et vendredi.*

Prix des places : 4 fr. les premières, et 2 fr. les secondes. Bibliothèque et restaurant. Bureaux, allées d'Orléans, 40.

De nombreuses lignes de bateaux à vapeur, mais spécialement pour le transport des marchandises, sont établies entre Bordeaux, quelques villes maritimes de France, l'Angleterre, et divers ports de la mer Baltique ; notamment entre la Rochelle, Nantes, Dunkerque, le Havre, Londres, Hambourg, Rotterdam, St-Pétersbourg, Cadix, Anvers.

Ces bateaux stationnent au Quai vertical, et ont chacun des courtiers spéciaux qui se chargent de leur affrétement.

Chaque Compagnie a, en général, deux départs et deux arrivées par mois.

Pour ROTTERDAM, courtier Ferrière.
— LONDRES, courtier Laffitte.
— LIVERPOOL, courtier Belso.
— CADIX, idem.
— ANVERS, courtier Jude.
— LE HAVRE, courtier Denan.
— NANTES, courtier Belso. On prend des passagers.
— LA ROCHELLE, courtier Amable Martin.

CHEMINS DE FER.

Cinq lignes de chemins de fer aboutissent en ce moment à Bordeaux. Une sixième ligne (celle du Médoc) est à l'état de projet, et ne peut pas tarder à être établie.

Ces cinq lignes sont : 1º Celle de Paris, dont la gare est à La Bastide, rive droite de la Garonne; 2º celle de Cette; 3º celle de Bayonne; 4º celle de La Teste, prolongée depuis 1857 jusqu'à Arcachon; et 5º celle de Lyon, qui vient s'embrancher sur celle de Paris à Bordeaux, dans la gare de Coutras. Cette dernière ligne n'est encore exploitée que jusqu'à Périgueux.

Les chemins de fer du Midi ont une gare commune située rue St-Vincent, derrière l'hospice des Enfants-Trouvés. Les voitures y aboutissent, pour les départs, par la rue Terres-de-Bordes, et pour les arrivées, par le cours St-Jean.

Pendant l'été, de nombreux trains de plaisir sont organisés sur toutes les lignes du midi.

La Compagnie d'Orléans réduit ses prix de 40 0/0 depuis Angoulême, lorsqu'il y a quelques fêtes à Bordeaux. (Voir à la fin le tableau des départs et arrivées.)

FOIRES ET MARCHÉS.

Deux grandes foires sont établies, depuis 1565, à Bordeaux; elles durent quinze jours chacune, et se tiennent sur la place des Quinconces, du 1er au 15 mars, et du 15 au 30 octobre de chaque année, dans des magasins ambulants que la ville fait établir à cet effet. On y étale toutes sortes de marchandises. Ces foires, qui étaient autrefois fort renommées, sont presque réduites aujourd'hui à un simple but de promenade ; la foule ne s'y porte guère que le dimanche.

Elles se tenaient, il y a quelques années, sur la place Royale et les quais, jusqu'au pont. L'établissement des chemins de fer a déterminé l'administration à changer le champ de foire, pour éviter les accidents que pouvait occasionner parmi la foule le fréquent passage des omnibus et des camions.

Quatre autres foires, dont une de deux jours, la St-Fort (les 16 et 17 mai), ont aussi lieu à Bordeaux ; les autres sont tenues les 1er juin (la St-Clair), 16 août (la St-Roch) et 29 septembre (la St-Michel). On y étale et on y vend toutes sortes de meubles neufs et vieux.

Celles de la St-Fort et de la St-Clair ont cependant la spécialité des fleurs ; et la première fait accourir, de tous les points du département, les nourrices superstitieuses qui viennent, dans le caveau de l'église de St-Seurin, faire passer leur enfant sur le tombeau de saint Fort; aucun miracle, jusqu'à ce jour, n'a justifié cette pieuse coutume, qui est loin de péricliter.

MARCHÉS DE BORDEAUX.

Grand-Marché : comestibles, jusqu'à une heure du soir.

Marché du Parlement : volaille, gibier et fruits, le samedi jusqu'à midi.

Marché des Grands-Hommes : comestibles, jusqu'à une heure du soir.

Marché des Chartrons : comestibles, jusqu'à une heure du soir.

Cales Fenwick et de la Monnaie : pierres de Bourg et de La Roque, moellons, tous les jours jusqu'au soir.

Marché aux Vins, quai de la Monnaie; permanent.

Chaque lundi, le long du mur dudit marché : herbages, plantes potagères, oignons, échalottes, etc.

Quai de La Grave : tuiles, carreaux, ardoises, briques; permanent.

Quai de La Grave : œuvre pour la vigne, vime,

bois à brûler, cercles, vannerie, les lundi et mardi.

Porte du Caillou : foin et paille, tous les jours.

Place intérieure de Bourgogne : volaille, gibier et fruits, les lundi et mercredi.

Marché de première main, à la criée, place extérieure des Capucins, jusqu'à huit heures.

Place extérieure de Bourgogne : fruits de toute espèce, châtaignes et fruits secs, tous les jours.

Marché aux Bestiaux, cours St-Jean, les lundi, jeudi et vendredi, jusqu'à trois heures.

Place extérieure d'Aquitaine : résine, brai, goudron, térébenthine, cire jaune et blanche, charbon, bois à brûler, les mercredi et vendredi jusqu'à midi.

Place St-Projet : charbon, jusqu'à dix heures du matin.

Place Mériadeck : bois à brûler, sarment, paille et charbon, les mercredi et samedi jusqu'à midi.

Place Mériadeck : nippes, vieux vêtements et ferraille.

Marché-Neuf, places Canteloup, du Marché-Neuf et fossés Bourgogne : ferraille, chaudronnerie, friperie et nippes, le lundi jusqu'au soir.

Marché aux Cochons, cours St-Jean, le mercredi, de onze heures à trois heures.

Marché aux Fleurs, aux Quinconces, en été ; et en hiver, chaussée de Tourny, les lundi et jeudi, et les veilles des fêtes de Sainte-Marie, Saint-Jean, Saint-Pierre, Sainte-Rose, etc.

Marché aux Arbres, aux Quinconces, tous les jours, de septembre à mars.

JOURNAUX.

Il y a six journaux quotidiens, que nous classerons par ordre d'ancienneté :

L'Indicateur, rue Porte-Dijeaux, n° 45 ; gérant, M. B. Coudert ; rédacteur principal, M. Messier. — *Le Mémorial Bordelais*, allées de Tourny, n° 7 ; gérant, M. Durand ; rédacteur principal, M. C. de Saulniers. — *La Guienne*, rue Margaux ; gérant et rédacteur principal, M. Justin Dupuy. — *Le Courrier de la Gironde ;* gérant et rédacteur principal, M. J. Gourraigne. — Le *Journal du Peuple ;* gérant, M. Maisonneuve. Ces deux journaux sont imprimés par l'imprimerie générale de la rue Saint-Siméon, appartenant à Mme Crugy, qui est propriétaire desdits journaux. — *La Gironde*, place Puy-Paulin ; gérant, M. Lavertujon, qui en est le rédacteur principal.

PRIX DES ABONNEMENTS POUR LE DÉPARTEMENT ET HORS DU DÉPARTEMENT : *L'Indicateur*, 56 et 72 fr. ; *Mémorial Bordelais*, 56 et 72 ; *la Guienne*, 56 et 72 ; *Courrier de la Gironde*, 56 et 72 ; *Journal du Peuple*, 36 et 42 ; *la Gironde*, 48 et 56.

Les feuilletonistes de théâtre sont :

M. Dubois à *l'Indicateur*.

M. Philadelphe Martineau au *Mémorial Bordelais*.

M. Dubois-Halbran à *la Guienne*.

M. Buron au *Courrier de la Gironde*.

M. Laterrade à *la Gironde*.

M. Saint-Rieul Dupouy fait le feuilleton fantaisie au *Courrier de la Gironde*.

M. Raoul L. de Lamorillière a fait pendant quelque temps celui du *Mémorial Bordelais*. Cet écrivain est aujourd'hui correspondant du journal *l'Indépendance*, et représentant de la Société des nouveaux auteurs et compositeurs dramatiques de Paris.

Parmi les autres journaux non politiques on compte :

1º *La Chronique de la Gironde* (hebdomadaire); se vend dans les gares des chemins de fer du Midi;

2º *La Cérès*, journal agricole et commercial, paraissant six fois par semaine; — 36 fr.;

3º *Le Lloyd bordelais*, journal maritime;

4º *Le Bonhomme*, journal satirique, paraissant le vendredi;

5º *La Lorgnette*, journal de théâtre, paraissant le samedi;

6° *L'Entr'acte*, idem ;

7° *Les Petites-Affiches*, journal d'annonces, deux fois par semaine ;

8° *Le Courrier des Tribunaux*, tous les dimanches ;

9° *Le Journal des Arrêts de la Cour Impériale de Bordeaux*, par M. Brives-Cazes, avocat ; tous les mois, septembre et octobre exceptés ;

10° *Le Mémorial de Jurisprudence commerciale*, par M. Goubeau, avocat ; tous les mois ;

11° *L'Ami des Champs*, tous les mois ;

12° *L'Écho de la Boulangerie*, hebdomadaire ;

13° *Actes de la Société d'agriculture ;*

14° *Actes de la Société Linnéenne ;*

15° *Actes de l'Académie des belles-lettres ;*

Ces trois derniers tous les trois mois.

16° *Catalogue des ouvrages reçus par la Bibliothèque de la ville*, tous les trois mois ;

17° *Comptes-rendus de la Société de médecine et de la Commission des monuments publics*, tous les ans ;

18° *L'Union médicale de la Gironde*, imprimée par Mme Crugy (mensuel) ;

19° *Journal de Médecine*, imprimé par M. Gounouilhou (mensuel) ;

20° *Annales de la Société d'Horticulture*, imprimées par Mme Crugy (plusieurs fois par an).

On trouve toutes ces publications, ainsi que

presque tous les journaux de France et de l'étranger, dans les magnifiques salons de lecture de M. Duménieu, établis dans les dépendances du Grand-Théâtre, côté du Chapeau-Rouge.

Le Directeur de cet important établissement se charge de tous abonnements, *sans rétribution*, à tous journaux et publications de la ville et du dehors.

Le prix de l'abonnement mensuel pour les salons de lecture est de 3 fr., et de 25 cent. pour une séance.

VINS.

Les vins, principal produit du département, sont à peu près classés ainsi qu'il suit. Les prix en ont tellement varié depuis l'apparition de l'*oïdium*, qu'il est impossible d'en établir de vrais et de positifs.

Nous avons cru devoir mettre en regard de chaque crû un chiffre approximatif pour désigner les produits *en année ordinaire;* l'apparition de la maladie les a considérablement diminués. Les chiffres que nous signalons doivent donc être appliqués aux années qui ont précédé cette apparition désastreuse.

VINS DE BORDEAUX.

CRUS.	NOMS DES CRUS.	COMMUNES.	PRODUITS en tonneaux en année ordinaire
Premier crû	Château-Margaux	Margaux	100 à 120
	Château-Lafite	Pauillac	100 à 120
	Château-Latour	Id.	100 à 120
	Haut-Brion	Pessac	» »
	La Mission	Talence	» »
Second crû	Rauzan	Margaux	50 à 70
	Mouton	Pauillac	120 à 140
	Léoville	Saint-Julien	80 à 100
	Durfort de Vivens	Margaux	30 à 35
	Brane	Cantenac	50 à 80
	Gruaud-Laroze	Saint-Julien	100 à 150
	Pichon-Longueville	Pauillac	100 à 120
	Lascombe	Margaux	15 à 20
	Cos-Destournel	Saint-Estèphe	60 à 80
	Montrose	Id.	» »

VINS DE BORDEAUX. (Suite).

CRUS.	NOMS DES CRUS.	COMMUNES.	PRODUITS en tonneaux en année ordinaire
Second crû...... (Suite.)	Pape Clément............	Pessac............	»
Troisième crû...	Château-d'Issan.........	Cantenac.........	50 à 70
	Kirwan.................	Id.	35 à 40
	Desmirail..............	Margaux........	30 à 40
	Boyd..................	Cantenac.........	30 à 35
	Dubignon..............	Margaux........	»
	Malescot..............	Id.	50 à 60
	Becker................	Id.	15 à 30
	Giscours..............	Labarde..........	80 à 100
	Langoa...............	Saint-Julien.....	100 à 120
	Bergeron.............	Id.	30 à 40
	Lagrange.............	Id.	100 à 130
	Calon................	Saint-Estèphe...	120 à 140
	Ferrière.............	Margaux........	15 à 20
	Château-Talence.....	Talence..........	»

VINS DE BORDEAUX. (*Suite*).

CRUS.	NOMS DES CRUS.	COMMUNES.	PRODUITS en tonneaux en année ordinaire
Troisième crû.. (*Suite.*)	La Lagune.........	Ludon.........	30 à 40
	Palmer............	Cantenac......	50 à 60
Quatrième crû.	Duluc aîné........	Saint-Julien...	50 à 60
	Saint-Pierre.......	Id.	80 à 100
	Château-Beychevelle.	Id.	60 à 80
	Carnet............	Saint-Laurent..	100 à 120
	Duhar-Milon.......	Pauillac.......	100 à 120
	De Thermes.......	Margaux.......	30 à 40
	Le Prieuré........	Cantenac......	20 à 30
	Poujet-Lassalle....	Id.	20 à 35
	Poujet............	Id.	»
	Rochet............	Saint-Estèphe..	»
	Talbot............	Saint-Julien...	»

Indépendamment des vins de Bordeaux, le département a également en vins rouges ceux de Canon, de Saint-Émilion, de Fronsac et de Pomeyrol.

Les vins blancs renommés sont ceux d'Eyquem, de Latour-Blanche, de Baume, du château de Suduireau, de Barsac, de Cérons, etc.

Tous ces vins sont vendus et expédiés en fûts et en bouteilles, au gré des acheteurs. Seulement, comme ce commerce est fort étendu à Bordeaux, il est bien d'aller frapper à bonne enseigne pour être sûr d'acheter du vin en nature. *Bonne renommée vaut mieux que ceinture dorée*, dit le proverbe vulgaire.

Nous croyons pouvoir nommer ici, parmi les maisons les plus recommandables :

MM. Barton et Guestier, pavé des Chartrons, 35.
 Chiapella, gérant des célèbres domaines de Cos-d'Estournel, Cos-Labory et Pomys, quai des Chartrons, 80.
 Cruse, quai des Chartrons, 125.
 Duffour-Debarthe, place Dauphine, 46.
 Gevers et Stehelin, rue Borie, 39.
 Journu, cours de Tourny, 55.
 Lacaze et Pougnet, quai des Chartrons, 43.
 Meyer et Comp., quai des Chartrons, 85.
 Picard et Comp., quai de Bacalan, 29.
 Wustemberg, comptoir quai de Bacalan, 20.

CONSULATS.

Angleterre. — Place du Champ-de-Mars, 8.
Autriche. — Quai de Bacalan, 6.
Bade. — Quai des Chartrons, 93.
Bavière. — Cours du Jardin-Public, 100.
Belgique. — Fossés du Chapeau-Rouge, 19.
Bolivie. — Cours du XXX Juillet, 13.
Bremen. — Quai des Chartrons, 103.
Brésil. — Vice-consulat, rue Désirade, 12.
Brunswick. — Fossés de l'Intendance, 20.
Chili. — Rue Notre-Dame, 1.
Confédération Argentine. — Consulat général, rue Notre-Dame, 1.
Costa-Rica. — Fossés du Chapeau-Rouge, 9.
Danemarck. — Quai des Chartrons, 85.
Équateur. — Cours de Tourny, 76.
Espagne. — Rue Victoire-Américaine, 10.
États-Romains. — Quai des Chartrons, 16.
États-Unis. — Pavé des Chartrons, 28.
Francfort. — Quai des Chartrons, 88.
Grèce. — Rue Montméjean, 31.
Grenade (Nouvelle). — Rue d'Enghien, 8.
Haïti. — Quai des Chartrons, 93.
Hambourg. — Quai des Chartrons, 123.
Hanovre. — Quai de Bacalan, 28.
Hesse-Grand-Ducale. — Quai des Chartrons, 88.

Lubeck. — Quai des Chartrons, 40.
Mecklembourg-Schwerin. — Cours du Jardin-Public, 19.
Mexique. — Cours de Tourny, 49.
Nicaragua. — Allées de Chartres, 33
Oldenbourg. — Quai de Bacalan, 16.
Pays-Bas. — Pavé des Chartrons, 5.
Parme. — Rue Victoire-Américaine, 10.
Portugal. — Rue Esprit-des-Lois, 2.
Prusse. — Quai de Bacalan, 22.
Russie. — Cours de Tourny, 37.
San-Salvador. — Allées de Chartres, 31.
Sardaigne. — Quai des Chartrons, 125.
Saxe. — Pavé des Chartrons, 6.
Suède et Norwège. — Rue Ferrère, 31.
Suisse. — Rue du Parlement-Ste-Catherine, 25.
Toscane. — Rue Montméjean, 31.
Turquie. — Fossés du Chapeau-Rouge, 26.
Uruguay. — Cours du XXX Juillet, 26.
Venezuela. — Rue Fondaudège, 26.

ARMATEURS.

Les principales maisons d'armements de Bordeaux sont celles de MM. :

Beyssac et Gautier, rue d'Enghien, 9.
Blanchy, quai des Chartrons, 72.
Cabrol, allées de Chartres, 9.

Cayrou, cours du Jardin-Public, 23.
Delbos (Ve), quai des Chartrons, 18.
Chaumel-Durin et Ce, pavé des Chartrons, 59.
Ezpeletta (de), rue Vauban, 1.
Jules Fauché, allées de Chartres, 31.
Foussat, rue Vauban, 23.
Goudin frères, rue Ste-Croix, 82.
Henry, fossés du Chapeau-Rouge, 17.
Lamaud et Cortès, rue de Sèze, 5.
Lequellec et Bordes, cours de Tournon, 1.
Lopez-Dubec, cours du Jardin-Public, 9.
Montané, allées de Chartres, 3.
Pourman, même bureau.
Santa-Coloma (de), rue Notre-Dame, 1.
Sorbé et fils, rue Blanc-Dutrouilh, 11.
Tandonnet, place Bourgogne, 11.

Il y a environ 120 autres armateurs que nous ne croyons pas utile de nommer ici, ne voulant pas servir d'almanach d'adresses, mais de guide utile au voyageur.

COURTIERS MARITIMES.

Parmi les courtiers, citons MM. :
Ferrière, quai des Chartrons, 70.
Ménard, place de la Bourse, 4.
Laffitte, quai Louis-XVIII, 17.
Legendre, place de la Bourse, 10.
Caussé, même place, 16, etc.

COURTIERS D'ASSURANCES MARITIMES.

MM. Dupré, à la Bourse ; Couve, id., etc.

COURTIERS DE MARCHANDISES.

MM. Dupeyron, Libéral, Ardouin, Gufflet, Alezais, Michelot, etc.

COURTIERS DE VINS ET D'EAUX-DE-VIE.

MM. Tastet, Ferrière, Lawton, Bouquié, Lavaud, Lassalle, Ansas, etc.

COMPAGNIES D'ASSURANCES.

Les compagnies d'assurances maritimes et contre l'incendie abondent à Bordeaux. Indépendamment de celles qui ont leur siége principal à Bordeaux, toutes celles de Paris et de Londres ont des agents et des bureaux organisés.

AGENTS DE CHANGE.

Ils sont au nombre de vingt, et ils opèrent tous les jours, au parquet de la Bourse, de 5 à 6 heures du soir, la vente des effets publics, en se basant sur la cote officielle de Paris : elle est affichée à trois heures à la porte de la Préfecture et dans un le tableau de la Bourse, aussitôt son arrivée par télégraphe.

Les cours de Bordeaux varient peu sur ceux de Paris. Le parquet de Bordeaux faisait, il y a quelques années, beaucoup d'affaires.

BANQUIERS.

Parmi les banquiers, on cite MM. :
Gomez-Vaez, cours du XXX Juillet, 15.
Lafargue, place des Quinconces, 2.
Piganeau, rue Esprit-des-Lois, 17.
Rodrigues, fossés du Chapeau-Rouge, 13.
Samazeuilh, rue Porte-Dijeaux, 14.
Soula, de Trincaud-Latour et Ce, rue St-Remi, 4.

NOTAIRES.

La Chambre des Notaires est située à Bordeaux, rue Puypaulin, n° 5.

COMMISSAIRE-PRISEUR.

M. Barincou, rue Porte-Dijeaux, 15.

HUISSIERS.

MM. Larrieu, rue Saint-Rémi, 63.
Choucherie, rue des Piliers-de-Tutelle, 23.
Videau, rue Sainte-Catherine, 171.

MÉDECINS.

Au nombre des meilleurs médecins de la ville on compte MM. :
Bermond, rue St-Dominique, 4.
Boisseuil, allées de Tourny, 26.
Chaumet, rue du Jardin, 4.
Denucé, allées de Tourny, 36.
Dupuy, rue Puy-Paulin, 8.
Dubreuilh, rue des Trois-Conils, 14.
Gaubric, rue Boudet, 4.
Gintrac, rue du Parlement, 22.
Jeannel, rue des Trois-Conils, 53.
Le Barillier, rue Huguerie, 63.
Marchant, rue Porte-Dijeaux, 18 (homœopathe).
Perrin, rue Ste-Catherine, 66.
Puydebat, rue St-Siméon, 15.
Dubois, médecin oculiste, rue Ste-Catherine, 60.
De Ciébra, rue du Palais-Gallien, 65.

SOCIÉTÉS.

Bordeaux est le siége d'une foule de sociétés utiles et philanthropiques, parmi lesquelles on remarque surtout :
1º La Société de Charité maternelle, sous le patronage immédiat de S. M. l'Impératrice. Cette

Société est en outre représentée par les dames les plus honorables de la ville.

Elle donne ordinairement tous les ans un bal magnifique, au profit de l'œuvre, dans la salle Franklin.

2º La Société des Fêtes de charité. — Grandes cavalcades, tournois et quêtes en ville.

3º La Société des Régates. — Organisée au profit des marins invalides de la marine marchande.

4º La Société des Amis des Arts. — Pour l'exposition publique de tableaux, de sculptures, de dessins et de gravures d'artistes vivants.

5º La Société Linnéenne. — Elle s'occupe d'histoire naturelle et de botanique. Elle distribue des récompenses.

6º La Société Philomathique. — Instituée dans le but de propager l'amour des sciences, des arts et de l'industrie. Elle donne des encouragements aux élèves qui suivent ses cours, et fait des expositions publiques tous les cinq ans.

Le siége de la Société est sur les allées de Tourny, 30.

7º La Société des Sciences physiques et naturelles. — Elle s'occupe surtout des sciences physiques et naturelles du sud-ouest de la France.

8º La Société d'Agriculture. — Pour encourager par des primes l'agriculture.—Siége à la Préfecture.

9° La Société d'Horticulture. — Établie pour encourager par des récompenses et des expositions de fleurs, de plantes et de fruits, les horticulteurs. Secrétariat, rue des Remparts, 64.

10° La Société de Médecine. — Dans le but de secourir les indigents. — Siége, hôtel du Musée, rue St-Dominique, 2.

11° Société Médicale d'Émulation. — Même but, même siége.

12° Société de Pharmacie. — Elle s'occupe de sciences et de salubrité publique. — Hôtel du Musée, rue Saint-Dominique, 2.

13° Dispensaire Homoeopathique. — Consultations gratuites les lundi et jeudi, de 3 à 5 heures — Au Bazar Bordelais, rue Sainte-Catherine.

14° La Société Hippique. — La Société hippique est établie sur le domaine de *Seguineau de Lognac*, à Mérignac. — Courses de chevaux, steeple-chases, primes de dressage, dotations aux juments poulinières.

15° La Société des régates et fêtes charitables d'Arcachon. — Organisée pour venir en aide aux indigents de la commune.

16° La Société Sainte-Cécile. — Instituée pour venir en aide aux artistes musiciens malheureux. Messe annuelle, concerts splendides, société chorale.

17° La Société d'Acclimatation. — Siége à la Préfecture.

18º École des Mousses. — En rade, sur le navire *le Zèbre*. — Pour les conditions d'admission, il faut en faire la demande, *franco*, au *commandant de l'École ou au secrétariat de la Chambre de commerce*. Cet officier est visible tous les jours, à bord du *Zèbre*, de 9 heures à 10 heures 1/2 du matin; l'après-midi, de 2 heures 1/2 à 4 heures; et à son bureau, à la Bourse, au premier étage, de 4 heures 1/2 à 5 heures 1/2.

19º École d'Équitation. — Cours du Jardin-Public, 27; tir au pistolet.

LOGES MAÇONNIQUES DE BORDEAUX.

La Française d'Aquitaine, rue Saint-Siméon, 15.

Les Amis-Réunis, même local.

La Française élue Écossaise et l'Amitié réunies, même local.

La Candeur, rue Mouneyra.

Les Chevaliers de Saint-André d'Écosse, rue du Jardin-des-Plantes.

Les Chevaliers de la Fraternité, rue Saint-Siméon, 15.

La Sincérité, rue Nauville.

Loge Anglaise, rue Ségalier.

L'Étoile du Progrès, rue du Jardin-des-Plantes.

COUVENTS DE DEMOISELLES.

Indépendamment d'une grande quantité de pensions pour garçons et filles, on trouve encore les couvents dont les noms suivent :

Les dames de la Conception, rue du Mirail, 36.
Les dames de la Foi, rue de Cheverus, 10.
Les dames de Lorette, rue Saintonge, 12.
Les dames de Marie-Thérèse, allées des Noyers.
Les dames de Notre-Dame, rue du Palais-Gallien, 43 et 45.
Les dames de la Réunion, rue de la Concorde, 2.
Les dames du Sacré-Cœur, à Caudéran.
Les dames Ursulines, place de la Monnaie, 4.
Les dames de la Présentation, route de Toulouse et chemin de la Barde.
Les dames de la Doctrine chrétienne, rue Entre-deux-Places, 55.
Les dames de Saint-Joseph, rue du Hâ, 17.
Les dames de Notre-Dame-des-Anges, rue des Herbes, 36.

THÉATRES.

PRIX DES PLACES.

Grand-Théâtre. — Premières, 3 fr. 50 c.; locations, 5 fr.; secondes et parterre, 2 fr.; paradis, 1 fr. 25 c.; loges, 4 fr. 50 c.; locations, 5 fr.

Théâtre-Français. — Parquet, 2 fr. 50 c.; locations, 3 fr. 50 c.; secondes, 1 fr. 25 c.; paradis, 75 c.

Folies Bordelaises. — Premières, 1 fr. 50 c.; secondes, 75 c.

Les vestiaires coûtent, pour chaque dépôt, 5 c.

CIRQUE.

Les prix varient selon les genres de spectacles.

TARIF DES POMPES FUNÈBRES.

Culte catholique.

1re *classe :*	1er corbillard à 4 chevaux. F.	1,220 78
2e —	1er corbillard à 2 chevaux....	720 15
3e —	2e corbillard ou un grand brancard......................	420 90
4e —	grand brancard drapé.........	225 90
5e —	brancard avec draperies......	141 75
6e —	brancard avec draperies......	87 65
7e —	....	61 55

Nota. Dans le tarif ci-dessus ne sont pas compris : les cercueils de commande, les voitures non drapées, les gants, les crêpes et les lettres d'invitation. — Le siége de l'administration est à la Mairie.

Culte protestant.

M. Monbouché, préposé, rue Vergniaud, 30, ou au Temple, rue Notre-Dame, pour le *Nord*, à partir des fossés de l'Intendance, numéros pairs.

M. Blessing, préposé, rue Pont-Long, 118, pour le *Sud*, à partir des fossés de l'Intendance, numéros impairs.

MAISONS DE SANTÉ.

1º Rue Répond, 28. — Affections rhumatismales, cutanées, etc.; consultations gratuites, de dix heures à midi, lundi et jeudi.

2º Polythermes de la Gironde, rues Franklin et Montesquieu.

3º Bains minéraux de Monrepos, à la côte de Cypressac. On s'y rend par l'omnibus qui part aux heures impaires des fossés du Chapeau-Rouge, 9, et repart de Monrepos aux heures paires.

Prix d'un bain, voiture comprise, aller et retour. F. 1 20
Cinq bains. . . . . 5 »

L'établissement de Monrepos vient de recevoir de grandes améliorations; les voitures peuvent circuler dans la propriété, et le restaurant est toujours parfaitement approvisionné.

Monrepos est la promenade la plus agréable des environs de Bordeaux, et promet de devenir un séjour délicieux.

4º Maison de santé de M. Desmaisons-Dupallans, au Bouscat, banlieue de Bordeaux. — Établissement particulier où les malades sont traités avec beaucoup de soins et de sollicitude.

TÉLÉGRAPHIE ÉLECTRIQUE.

Indépendamment des lignes télégraphiques du Midi et du Nord, dont le siége est situé rue Esprit-des-Lois, nº 26, un bureau pour les dépêches privées est établi dans les gares de La Bastide et Saint-Jean. Celui de la ligne télégraphique du Verdon est à la Bourse. Cette ligne fera probablement fusion avec le nouveau chemin de fer du Médoc décrété au mois de juin 1857.

ÉCOLES.

Enfin, comme appendice aux renseignements que nous avons donnés sur tout ce qui peut intéresser directement ou indirectement le voyageur de passage à Bordeaux, nous avons cru devoir ajouter que Bordeaux possède aussi diverses écoles parmi lesquelles on compte :

L'École normale de garçons, rue de la Trésorerie, 21.
L'École normale de filles, place Bardineau, 3
L'École communale, rue Pélegrin, 58.
L'École mutuelle, rue des Trois-Chandeliers, 6.

Sept écoles chrétiennes :

> Rue Saint-Louis,
> Rue Naujac,
> A la Chartreuse (dépendances de l'église Saint-Bruno),
> Rue Henri IV,
> Route de Bayonne,
> Rue Saint-Charles,
> Rue des Ayres (ancien Palais de Justice).

Écoles d'adultes :

> Rue Saint-Charles,
> Rue Saint-Louis.

École d'apprentissage, rue Henri IV.

Écoles de petites filles, annexées aux maisons de secours.

École de droit commercial, à la Bourse.

École gratuite de dessin et de sculpture, au

nouveau Jardin des Plantes. On s'inscrit chez le professeur.

École de natation pendant l'été. L'établissement est en station devant le quai de la Grave : prix par séance, 60 c.

École gymnastique, à l'Athénée, rue Mably, 28.

CURIOSITÉS

PREMIÈRE PROMENADE

I. La Cathédrale Saint-André, place Rohan. Elle réunit tous les genres d'architecture. Elle a été fondée vers le xie siècle, époque à laquelle Urbain II la consacra au culte, sous la protection du saint dont elle porte aujourd'hui le nom. On n'a achevé ce qui existe de ce magnifique monument que vers la fin du xvie siècle. Depuis lors, on n'y a guère opéré que des travaux d'entretien et de réparations.

La nef de cette église a environ 60 mètres de longueur sur 18 de largeur; le transept, 43 mètres sur 10; les voûtes sont élevées de 31 mètres.

On y remarque : 1° Les flèches, restaurées en 1810;

2° Leur portail; la statue du pape Clément V est placée sur le pilier central. On voit dans le tympan la cour céleste, l'ascension et la cène;

3° Le portail opposé représente les vierges sages et les vierges folles;

4° L'ancienne porte royale, dans la sacristie, représente la résurrection des morts, des séraphins et la cour céleste;

5° Sous l'orgue, deux bas-reliefs style renaissance;

6° Derrière l'autel du Sacré-Cœur, un reliquaire du xiv° siècle; et dans le chœur, de très-belles sculptures, scènes de la vie de Marie;

7° Plusieurs chapelles où sont déposés les restes de l'archevêque Pey-Berland, d'Antoine de Noailles, gouverneur de Bordeaux en 1562; de Mgr d'Aviau, mort en 1826, et du cardinal de Cheverus;

8° On y trouve aussi des tableaux de maîtres : 1° le *Couronnement d'épines*, par Bergeret; 2° *Jésus chez Pilate*, par Gérard de La Roche; 3° *Jésus portant sa croix*, par Carrache; 4° le *Crucifiement*, par Jordaëns; et 5° la *Résurrection*, par Véronèse.

11. LA TOUR PEY-BERLAND, sur la place Pey-Berland, a été érigée au xve siècle par l'archevêque qui lui a laissé son nom. On croit que cette tour est à la place d'une fontaine chantée par le poète Ausone. Cette tour a 48 mètres environ de hauteur. Le cardinal Donnet y a fait placer, en 1853, un bourdon qui pèse 11,000 kilogrammes. Ce bourdon porte le nom de *Ferdinand-André*, et sonne pour les fêtes et grandes cérémonies de l'Église. Son diapazon est en *fa* naturel. Il a été béni le 8 août de ladite année.

III. L'Hôtel-de-Ville, place de l'Hôtel-de-Ville. Ce magnifique monument est dû à la munificence de l'archevêque prince de Rohan (1770-81), et fut érigé par Bonfin et Étienne, architectes. Il servit de résidence aux prélats jusqu'en 1789, et fut successivement, depuis, le siége de l'autorité départementale et une résidence impériale; enfin, en 1835, il fut légalement affecté à la Mairie. De superbes jardins donnent sur le cours d'Albret. Les armes de la ville sont sculptées au-dessus de la porte de la cour.

Les bureaux de l'Administration municipale sont placés au premier étage et dans les deux ailes de la cour. (Ouverts de 10 heures à 4 heures.)

Les salons du rez-de-chaussée sont affectés à de magnifiques collections d'armes, de statues et de tableaux, et servent de résidence à la famille impériale lorsqu'elle passe à Bordeaux.

On remarque, dans le grand escalier, de

très-beaux tableaux dus à la munificence des souverains et d'artistes.

Le Musée de Peinture de Bordeaux, qui se trouve dans les salons impériaux, compte 480 toiles environ, parmi lesquelles on remarque : *Vénus et Adonis*, par l'Albane; une *Sainte Famille*, par André del Sarto; *Renaud endormi, surpris par Armide*, par Van-Dyck; *Scène flamande*, par Brawer; la *Lecture diabolique*, par Téniers; *Galathée*, par le Titien; *Vénus endormie*, par le même; la *Fuite en Égypte*, de Lallemant; l'*Adoration des Mages*, de Rembrandt; l'*Adoration des Mages*, de Paul Véronèse; *Repas de Guerriers*, de Salvator Rosa; *Bacchanale*, par Rubens; *une Assemblée de Moines*, par Ribera; *des Enfants qui jouent*, par le Dominiquin; *un portrait*, par Holbini; *un paysage*, par Claude Gélée; la *Femme adultère*, de Titien; *Marie de Médicis*, par Van-Dyck; *Urbain Grandier sur l'échafaud*, par Rubens Jouy. Napoléon III a donné à la ville un Rubens, *St-Just;* la ville a acheté, pour 20,000 fr., le *Teintoret peignant sa fille après sa mort*, par Cognet. Les peintres bordelais contemporains sont à peine représentés.

Les sculptures sont peu remarquables. Quatre statues en marbre décorent le péristyle : *Phocion, Cydippe, Eurydice. Apollon.* Dans l'intérieur, deux statues par Maggési : *le Génie de la Peinture* et celui de *la Sculpture;* des bustes en marbre, celui de *Michel Montaigne,* par Deseine ; de *Napoléon,* par Bartholini ; de *Casimir Périer;* puis des modèles en bronze : *la statue équestre de Louis XV,* par Lemoine, et *Milon de Crotone,* par Puget.

IV. LES FACULTÉS, rue Monbazon. Le local est une dépendance de l'Hôtel-de-Ville (ancien Musée).

Des cours publics et gratuits y ont lieu tous les jours, à 7 heures du soir, dans deux salles séparées par un pas-perdu et disposées en amphithéâtre (théologie, sciences, et lettres).

C'est dans les salles de la Faculté qu'on procède aux examens du baccalauréat ès lettres et du baccalauréat ès sciences.

V. Hôtel du Général, rue Bouffard, n° 39. Les bureaux de la 14e division militaire sont établis dans cet hôtel, et sont ouverts depuis huit heures du matin jusqu'à quatre heures du soir.

VI. Caserne et Prisons municipales, rue des Trois-Conils, n° 65. C'est dans cette caserne qu'est établi provisoirement le bureau des passeports et de la police de sûreté, dépendant de la 5e division de la Préfecture.

VII. Caisse d'épargne, rue des Trois-Conils. Cet hôtel a été érigé en 1847 par Duphot, architecte. Ouverte tous les jours, excepté le dimanche, de dix à trois heures.

VIII. Ancienne Chapelle des Irlandais, place Pey-Berland.

IX. Caserne de Gendarmerie impériale départementale, rue des Minimes, n° 7.

X. Fort du Ha, rue des Minimes. Ces prisons, bâties en 1843 sur l'emplacement de l'ancien fort du Hâ, ont été agrandies en 1856-57. Deux anciennes tours ont été conservées.

Chaque cellule a 4 mètres de long, 2 mètres 30 de large, et 3 mètres de haut. Le mobilier se compose d'un lit en fer, une chaise, et un siége mobile en fonte.

On n'y renferme que les prisonniers d'un jour à un an, et les prévenus.

On peut visiter les prisons avec une autorisation de M. le Procureur impérial.

XI. Palais de Justice, sur la place d'Armes, faisant aussi façade sur le Fort du Ha. Ce magnifique monument a été érigé par M. Thiac, ex-architecte du département, et construit, après adjudication, par MM. Lasserre et Matabon. Terminé en 1846, il a coûté 1,717,458 fr. 30 c.

Superficie, 7,985 mètres.

Façade, 145 mètres 67 centimètres.

Le péristyle du centre est de l'ordre dorique grec, avec motifs saillants, formant deux ailes surmontées à droite des statues de Malesherbes et de d'Aguesseau ; à gauche, de celles de Montesquieu et de L'hôpital, par Maggési, sculpteur de la ville.

La salle des Pas-Perdus est un véritable chef-d'œuvre d'architecture. L'auteur semble y avoir dépensé tout son génie.

On trouve dans les diverses salles une foule de bustes et portraits d'avocats, de jurisconsultes et de magistrats célèbres.

Le Palais de Justice est ouvert tous les jours, excepté les dimanches et jours fériés.

Ce vaste monument occupe la place qu'occupait anciennement la Cour d'assises, et réunit dans ses vastes dépendances tout l'ensemble des Cours et Tribunaux, depuis le Tribunal de simple police jusqu'à la Cour impériale d'appel.

XII. Le Temple des Protestants, rue du Hâ, est une ancienne église des religieuses de Notre-Dame. (Calvinistes et luthériens.)

XIII. L'Hotel des Domaines, rue Pellegrin, n° 1. Cet hôtel contient les bureaux du timbre et la direction de Bordeaux.

XIV. L'Archevêché, rue de Cheverus, n° 8, ancien hôtel Gary. Les bureaux de l'Archevêché sont établis dans l'aile droite, et ouverts de dix heures à trois heures.

XV. Hotel des Hospices, même rue, n° 13. Administration générale.

XVI. Ancienne Église et Fontaine St-Projet, place du même nom. Couvent de femmes visitant les malades. Distribution d'aumônes.

XVII. Hotel de l'Octroi, rue du Loup, n° 71. Administration générale. Ouvert de huit heures à quatre heures.

XVIII. Fossés des Tanneurs et Lycée impérial. Le Lycée fut fondé le 16 octobre 1802. Il se compose de la réunion du couvent de la Visitation, fondé vers 1635, et de celui des Feuillants.

La chapelle du Lycée est d'une architecture fort remarquable. On y voit le tombeau de Montaigne avec diverses inscriptions en grec et en latin, dont voici la traduction :

Qui que tu sois, qui regardes ce tombeau et qui demandes mon nom, en disant : Est-

il mort, Montaigne? cesse d'être surpris. La substance des corps, l'illustration de la naissance, la richesse, l'autorité, la puissance, ne sont pas des choses qui nous appartiennent ; ce sont seulement des jouets périssables de la fortune. Être divin, descendu du ciel sur la terre des Celtes, non pas que je sois le huitième des Grecs, ni le troisième des Ausoniens, mais je puis être comparé à tous par la profondeur de la sagesse et les talents de l'élocution, moi qui ai su allier à la doctrine qui respecte le Christ, le doute pyrrhonien. La jalousie s'était emparée de la Grèce et de l'Ausonie ; pour terminer cette terrible querelle, j'ai été prendre mon rang parmi les immortels, où est ma patrie.

A Michel Montaigne, périgourdin, fils de Pierre, petit-fils de Grimon Rémond, chevalier de Saint-Michel, citoyen romain, né à Bordeaux, ex-maire, homme né pour la gloire de la nature; dont la douceur de mœurs, la finesse d'esprit, la facilité d'élocution et la justesse de jugement ont été estimées au-dessus de la condition humaine;

qui a eu pour amis les rois les plus illustres, les plus grands seigneurs de France, et même les chefs du parti égaré, quoique lui-même fût d'une moindre condition; observateur religieux des lois et de la religion de ses pères, auxquelles il ne fit jamais aucune offense; qui jouit de la faveur populaire, sans flatterie et sans injure; de sorte qu'ayant toujours fait profession, dans ses discours et dans ses écrits, d'une sagesse fortifiée contre toutes les attaques de la douleur; après avoir, aux portes du trépas, lutté longtemps avec courage contre les attaques ennemies d'une maladie implacable; enfin, égalant ses écrits par ses actions, il a fait, avec la volonté de Dieu, une belle fin à une belle vie.

Il vécut cinquante-neuf ans, sept mois et onze jours, et mourut le 13 septembre de l'an de salut 1592. Françoise de la Chassaigne, pleurant la perte de cet époux fidèle et constamment chéri, lui a fait ériger ce monument, gage de ses regrets.

DEUXIÈME PROMENADE

1. Église Saint-Dominique, place du Chapelet. La façade, fort remarquable, réunit les ordres composite et corinthien. Elle fut élevée par le frère Jean, de l'ordre de Saint-Dominique, vers la fin du XVIIe siècle. Le sujet principal de la porte représente saint Dominique recevant le Rosaire des mains de la Vierge.

Le maître-autel est à la romaine; la chaire et tout l'ensemble de cette église attirent l'attention des visiteurs.

C'est dans cette église que la société élégante assiste aux offices.

Les bâtiments à côté (ancien couvent

des Dominicains) servent à la manutention des vivres de la garnison.

II. Le Musée, situé rue Saint-Dominique, n° 2 (1), a été fondé, en 1810, par M. Lynch, maire de Bordeaux. Celui des Antiques est situé au rez-de-chaussée, et celui d'Histoire naturelle au premier. (Ouverts tous les jours aux étrangers, sur la présentation de leurs passeports, de midi à trois heures; pour les habitants, les dimanche et jeudi, de dix heures à trois heures.)

Le Musée des Antiques, d'après Jouannet, son fondateur, contient : 1° Quatre autels, dont trois fort précieux : l'un remontant à l'antique *Burdigala* ; l'autre constatant un fait historique ; le troisième comme nous donnant le nom d'une des divinités typiques des Bituriges-Vi-

(1) Cet hôtel fut légué à la ville par J.-J. Bel, conseiller au Parlement vers 1736.

visques ; le quatrième n'est qu'un débris.

2° Quatre statues de marbre, dont trois nous offrent un beau modèle de la toge romaine ; la quatrième, que l'on avait transportée au Musée des Tableaux, est venue reprendre sa place : c'est une femme tenant une urne ou une lyre.

3° Les débris d'un hercule, en bronze, dont la tête et le buste sont conservés.

4° Différents bas-reliefs très-remarquables, entre autres une figure que les artistes attribuent à quelque sculpteur grec du bon temps.

5° Plusieurs inscriptions historiques et quatre-vingts inscriptions funéraires, qui nous ont transmis les noms des familles bituriges et romaines qui habitaient l'antique cité.

Parmi ces antiquités se trouvent des monuments du moyen-âge, ou même d'une date moins reculée. A ce sujet, on s'est plaint avec raison de voir confondus dans un même dépôt des monuments d'âges si différents.

Le Musée d'Histoire naturelle, fondé en 1805, est un des plus complets et des plus remarquables de France. Les Bordelais semblent ignorer les richesses qu'il renferme; aussi attire-t-il peu de visiteurs.

La Bibliothèque de la ville, située dans le même hôtel, contient plus de 120,000 volumes, et est ouverte tous les jours, les samedi et dimanche exceptés, de 10 heures à 3 heures et de 7 heures à 10 heures; fermée pendant les vacances.

L'Observatoire, qui est dans le même hôtel, n'offre aucun intérêt et sert d'annexe au cours d'hydrographie.

C'est dans une des salles de cet hôtel que l'Académie de Bordeaux tient ses séances.

III. Les allées de Tourny sont les promenades les plus fréquentées de la ville. La musique des régiments en garnison y va donner des sérénades, les jeudi et dimanche, de 4 à 5 heures. La municipalité a voté des fonds pour y élever deux fontaines monumentales en fonte à chaque extrémité, et une statue équestre de Napoléon Ier au milieu.

IV. Place de la Comédie et Grand-Théatre. C'est sur cette place qu'est situé le magnifique théâtre de Bordeaux. Ce véritable chef-d'œuvre de l'art a été construit par l'architecte Louis, de 1775 à 1780. Il est considéré comme le plus beau théâtre d'Europe. Sa construction a coûté 3,000,000 de fr. Ce théâtre a été restauré pendant les années 1854 et 1855, et cette restauration intérieure a coûté, dit-on, près de 800,000 fr.

Ce monument est isolé et a une longueur de 88 mètres 33 centimètres sur 46 mètres 66 centimètres de largeur et 18 mètres 66 centimètres de haut.

La façade, formant péristyle avec colonnes de 1 mètre de diamètre, est de style corinthien. Chaque colonne est surmontée d'une statue allégorique. Galeries à arcades tout autour.

Le vestibule, où sont établis les bureaux du contrôle, est de l'ordre dorique et offre au regard un des plus beaux chefs-d'œuvre d'architecture.

La salle, richement ornée, est du plus grand confortable. Chaque spectateur y possède un fauteuil en velours cramoisi; les loges grillées et à salon sont en général toutes louées aux différents cercles de la ville; la loge impériale fait face à la scène; celle du préfet est à gauche de l'acteur, celle du général à droite, au-dessus de l'avant-scène.

Toute l'administration des théâtres a ses bureaux dans les dépendances, et y communique par le grand escalier de la rue de la Comédie, au haut duquel est le logement du concierge. On peut visiter l'intérieur du théâtre en s'adressant à ce dernier, en lui donnant une légère rétribution. Prix des places : Premières, 3 fr. 50 c.; secondes et parterre, 2 fr.; paradis, 1 fr. 25.

Indépendamment de la salle de spectacle, on remarque aussi celles des *Concerts* et des *Grands-Hommes*. Cette dernière sert de foyer.

Les salons des cercles de la *Comédie* et du *Jockey-Club* sont établis au premier étage. Au rez-de-chaussée sont les salons de lecture de M. Duménieu et le splendide café de la Comédie.

V. PRÉFECTURE. La Préfecture est située sur les fossés du Chapeau-Rouge, et l'entrée des bureaux est sur la rue Esprit-des-Lois, n° 24 ; ils sont ouverts de 8 heures à 4 heures.

Secrétariat général. Sceau de la Préfecture, — permis de chasse, — recrutement, — comptabilité générale, — brevets d'invention, etc., etc.

1ʳᵉ division. Administration générale et départementale.

2ᵉ division. Administration communale hospitalière.

3ᵉ division. Travaux publics, agriculture et commerce.

4ᵉ division. Voirie vicinale.

5ᵉ division. Police générale, passeports à l'étranger.

Les bureaux des télégraphes sont établis même rue, n° 26, au premier.

VI. BANQUE, rue Esprit-des-Lois, n° 13. Cet hôtel, bâti en 1855-56, est ouvert de huit heures à quatre heures tous les jours de bourse.

VII. BOURSE. L'hôtel de la Bourse, situé sur le quai, et à l'extrémité des fossés du Chapeau-Rouge, est ouvert tous les jours non fériés, de deux heures à six heures.

Ce monument, celui de la Douane qui

est en parallèle, ainsi que toute la place, furent construits par l'architecte Jacques Gabriel, vers 1749.

Les frontons sont ornés de magnifiques sculptures, représentant : sur la place Richelieu, la Garonne et la Dordogne; sur le quai, Neptune; et sur la place de la Bourse, la Victoire.

La salle ou cour vitrée sert aux réunions quotidiennes des négociants, de 4 à 5 heures.

La vente des fonds publics et autres valeurs industrielles a lieu de 5 à 6 heures, par le ministère de vingt agents de change qui s'assemblent autour de la corbeille établie dans la grande salle.

Les bureaux des courtiers de commerce sont établis dans les dépendances du rez-de-chaussée et du premier étage, où se trouvent le Tribunal de commerce et le siége de la Chambre de commerce, avec le greffe et la bibliothèque de ladite Chambre.

VIII. Quai vertical. Ce quai, partant de la place Lainé jusqu'à l'hôtel de la Douane, a été entrepris en vertu de la loi du 5 août 1844, et a coûté plus de 5 millions. Sa maçonnerie repose sur des blocs de béton, placés sur des grillages en charpente. Les grues établies peuvent soulever plus de 15,000 kil.

La machine à deux branches, établie en face du quai Louis XVIII, est destinée à la mâture des navires et à l'enlèvement des gros fardeaux.

Il est question d'établir un chemin de fer sur les quais.

IX. Entrepot général, situé place Lainé. Il a coûté, avec ses dépendances, plus de 1,500,000 fr. Il appartient à la Chambre de commerce; il contient en moyenne, par année, 25,000,000 de kil. de marchandises.

X. Pavé des Chartrons. Allées sur

lesquelles sont les premières maisons de commerce de la ville.

XI. Temple protestant anglais, pavé des Chartrons, n° 10.

XII. Chapelle évangélique, rue Ferrère, n° 27.

XIII. Salle-Franklin, magnifique salle de concerts, rue Vauban, n° 21. Cette salle appartient à Mme veuve Seignouret. C'est dans cette salle qu'ont lieu chaque année les concerts si renommés du Cercle Philharmonique. Les artistes de passage et de la ville donnent, au foyer, de fréquents concerts.

Les sociétés de bienfaisance y donnent aussi de magnifiques bals et y organisent des loteries.

XIV. Les Quinconces. Cette place est une des plus belles de l'Europe. Ses arbres ont été plantés le 22 janvier 1818.

Ce vaste emplacement était occupé autrefois par un château connu sous le nom de Château-Trompette, dont il ne reste aujourd'hui aucune trace. La profondeur de cette place est de 390 mètres.

Les Quinconces, dépourvus de tout ornement, vont, dit-on, être dotés d'une superbe fontaine monumentale et des statues en pied de Montesquieu et de Montaigne. Ces statues sont terminées, et la fontaine est au concours sur le prix de 200,000 fr.

Montaigne et Montesquieu seront placés en face de la rue Vauban et de la rue de Condé. En attendant l'exécution de la fontaine monumentale, une gerbe d'eau va être établie au milieu ; elle sera alimentée par les conduits des fontaines publiques.

Jusqu'à aujourd'hui, on n'a rien fait qui soit digne de cette place et des quais qu'elle domine.

C'est du milieu des Quinconces, en face

du cours du XXX Juillet et du cours de Tournon, qu'on remarque les plus beaux panoramas qu'on puisse voir, de quelque côté qu'on se tourne.

Les deux monuments qui se trouvent aux deux extrémités des allées sont des établissements de bains publics, ouverts tous les jours, de 5 heures du matin à 10 heures du soir.

Les colonnes rostrales de l'escalier du milieu servent de phare à la rade.

XV. Folies-Bordelaises, place des Quinconces, n° 5. Le théâtre des Folies-Bordelaises est bâti sur l'emplacement du théâtre des Funambules, et fait partie d'une maison appartenant à M. Beaufils, ébéniste.

Ce théâtre contient environ 600 places, et est administré par le directeur privilégié du Grand-Théâtre. On y joue tous les soirs, en hiver. Premières, 1 fr. 50 ; secondes, 75 c.

XVI. Statue de Tourny. Cette statue a été élevée à M. de Tourny, sur la place du même nom, par la ville de Bordeaux, en reconnaissance des magnifiques cours et promenades dont cet homme célèbre l'a dotée.

XVII. Hotel de la Marine, place de Tourny, n° 9. C'est dans cet hôtel que sont établis tous les bureaux de la circonscription maritime. Les cours d'hydrographie ont lieu dans une des dépendances, cours du Jardin-Public, n° 1.

XVIII. Raffinerie des Poudres et Salpêtres, rue Fondaudège, n° 14.

XIX. Théatre-Français, place du Théâtre-Français. Ce théâtre, incendié vers la fin de l'année 1855, a été totalement reconstruit dans son intérieur, et n'est livré au public que depuis le 12 juin 1857. Cette salle, coquette et élégante, a été reconstruite sous la direction de l'architecte Lamarle. On y joue la comédie, le drame et le vaudeville.

Premières, 2 fr. 50 ; secondes, 1 fr. 50 ; paradis, 75 c.

XX. Place des Grands-Hommes. Marché de comestibles tous les jours jusqu'à une heure.

XXI. Polythermes de la Gironde, rue Montesquieu. Bains russes et orientaux.

XXII. Recette générale, fossés de l'Intendance, n° 13. Ouverte de dix à quatre heures.

TROISIÈME PROMENADE

I. Église St-Pierre, située place St-Pierre. L'église St-Pierre, une des plus anciennes de la ville, est située près du quai, au centre de la vieille ville, et à côté de l'hôtel des Douanes. On a commencé, depuis quelques années seulement, à dégager ce monument d'une foule d'anciennes constructions qui le masquaient.

II. Hôtel des Douanes, quai de la Douane, n° 1. Cet hôtel, comme celui de la Bourse, a été édifié vers le milieu du xviii° siècle. Sur le fronton de la façade, l'on remarque Mercure, dieu du commerce; et sur celui de la place de la Bourse, anciennement place Royale, on voit un bas-relief représentant Minerve, déesse des arts.

Les recettes de la Douane approchent de 15,000,000 de fr. par an.

En face de la place de la Bourse, en suivant la rue de la Bourse, est la *place du Parlement*, dite du *Marché - Royal*, où se tient chaque samedi le fameux marché au gibier et de volailles de Saintonge.

III. La Galerie-Bordelaise, située à l'encoignure des rues St-Rémi et Ste-Catherine, est le seul passage, avec celui du Bazar-Bordelais, qui attire l'attention du visiteur. L'élégance des magasins qui y sont établis en fait une promenade agréable et recherchée par les étrangers.

La Galerie appartient à MM. de la Torre, riches Espagnols, qui habitent dans les appartements du premier étage. Elle a été édifiée en 1831 et 32. M. de la Torre avait eu le projet de la continuer jusqu'à l'encoignure de la rue Ste-Catherine et du Chapeau-Rouge.

Parmi les magasins remarquables de la Galerie, on cite ceux de tabletterie de M. Bouillet : objets d'ivoire, cannes, billes de billard, éventails du plus grand prix ;

Ceux de M. Barbet et de Mme Roux, librairies et fournitures de bureau; chalets suisses chez M. Barbet.

IV. HOTEL DES POSTES, rue Porte-Dijeaux, n° 10, près la rue Ste-Catherine.

Les guichets sont ouverts, *en été*, de six heures du matin à sept du soir ; *en hiver*, de sept heures à sept heures ; et la caisse, de huit heures à six heures.

Les dimanches et fêtes, les bureaux sont fermés à quatre heures du soir.

Il y a un bureau supplémentaire, quai des Chartrons, n° 84.

Les boîtes de la ville sont au nombre

de 27, et sont levées quatre fois par jour.

Il y a aussi des boîtes dans les gares ; elles sont levées par les bureaux ambulants.

V. Rue Ste-Catherine. Cette rue, complètement dégagée, depuis quelques années seulement, des maisons qui l'obstruaient, est la rue de Bordeaux la plus fréquentée et la plus remarquable par la quantité et la beauté de ses magasins. La vie marchande au détail s'est établie à jamais dans cette rue immense.

Les monuments semblent s'être écartés exprès de ses alentours. On ne rencontre que le Bazar-Bordelais, au n° 54. C'est une vaste construction où sont établis des marchands et industriels de toutes sortes, à toutes les galeries. Les appartements supérieurs servent de logements à une foule de familles.

VI. Chapelle Margaux, rue Margaux.

Cette chapelle est desservie par les Jésuites, qui ont leur couvent dans la même rue. Cette chapelle, d'un style ogival, vient d'être restaurée. L'aristocratie surtout y suit les offices.

VII. Hypothèques. — Le Bureau des hypothèques de Bordeaux est situé rue du Cancera, n° 13.

VIII. Porte du Palais. Cette porte est située sur le quai Bourgogne, et fut construite, au XV° siècle, en forme d'arc de triomphe, en l'honneur de Charles VIII, après la victoire de Fornoue.

Elle a environ 35 mètres de haut. On remarquait autrefois, dans la niche qui est sur la façade du quai, une statue de Charles VIII.

IX. Place du Palais. C'est dans ces emplacements qu'existait autrefois le palais de l'Ombrière, disparu sous les constructions modernes. Il n'en reste aujourd'hui que quelques vestiges qui servent d'entrepôt à une entreprise de camionnage.

C'est dans les environs, et en passant par la rue du Pont-Saint-Jean, qu'on trouve la vieille rue de la Rousselle, où, de temps immémorial, le commerce de la morue, du fromage et du hareng a pris domicile à toutes les portes.

X. Porte des Salinières ou de Bourgogne, en face du Pont. On y arrive par la rue de la Rousselle et en débouchant sur les fossés de Bourgogne. Cette porte fut construite de 1751 à 1755, et fut appropriée en arc de triomphe en 1807, lors du passage de l'armée partant pour l'Espagne.

XI. Pont de Bordeaux. La question de l'établissement d'un pont devant Bordeaux a été discutée depuis environ 1775, et ce ne fut qu'en 1810 que commencèrent les travaux, en conformité de divers décrets de l'Empereur.

Ce pont devait d'abord être construit en fer; on décida, le 17 mars 1819, sur le rapport de M. Deschamps, architecte, qu'il serait en pierre.

Il a dix-sept arches. Les sept arches du milieu ont 26 mètres 49 centimètres de diamètre; les autres sont de dimensions décroissantes; les voûtes ont la forme d'arcs de cercle. L'épaisseur des piles est de 4 mètres 20 centimètres aux naissances. Chaque pile repose sur 220 piliers en bois de pin, portant chacun un poids de 22,000 kilogrammes environ. Les pieux sont reliés entre eux, au-dessous du plan de recépage, par un châssis en pièces de charpente; le vide entre les piliers, les pièces du châssis et le fond de la Garonne, est rempli de pierres jetées à sec.

La fondation des piles a été faite au moyen de caissons ayant une forme pyramidale, sur 3 mètres 75 centimètres de hauteur. Ces caissons étaient maintenus flottants pendant la pose des pierres. On y faisait entrer l'eau de la marée montante par des robinets, et on la faisait sortir, à la marée descendante, par des clapets.

Ce pont est éclairé au gaz, et on peut visiter son intérieur en s'adressant au concierge, logé du côté de La Bastide.

La largeur du pont, d'une tête à l'autre, est de 15 mètres. Celle de chaque trottoir est de 2 mètres 50 centimètres ; reste 10 mètres pour le passage des voitures.

L'épaisseur à la clef est uniformément de 1 mètre 20 centimètres.

La longueur du pont est de 486 mètres 68 centimètres.

Son ouverture à la circulation a eu lieu le 29 septembre 1821, jour à partir duquel court la concession de quatre-vingt-dix-neuf ans accordée aux actionnaires.

QUATRIÈME PROMENADE

I. Église Saint-Paul, rue des Ayres. Cette église appartenait anciennement aux Jésuites. Son intérieur est d'une élégance fort remarquable. Sa façade, qui ne manque pas de mérite, est restée inachevée.

Le maître-autel, représentant l'apothéose de saint François Xavier, est attribué au célèbre Coustou.

Les vastes bâtiments d'à côté appartenaient à la maison professe des Jésuites. Lorsqu'ils furent chassés, on y établit le Collége royal, puis la Loterie en l'an XII, enfin les tribunaux, et aujourd'hui ils servent aux écoles chrétiennes.

II. Place du Grand-Marché. Cette vaste place, de forme carrée, est située sur les fossés de l'Hôtel-de-Ville. Vente de comestibles jusqu'à 1 heure, tous les jours. C'est le plus beau marché de la ville.

III. Caserne D, dite des Fossés, en face du Grand-Marché. C'était anciennement le collége de la Madeleine. La Mairie y fut installée en 1808 jusqu'en 1835, époque à laquelle elle fut affectée à l'administration militaire. C'est dans une de ses salles qu'ont lieu les séances du Conseil de guerre.

IV. Église Saint-Éloi, rue Saint-James, à côté de la tour de l'Horloge. Cette église a été construite vers le XIIIe siècle. Elle n'offre rien de remarquable.

C'est dans cette église que les anciens jurats allaient prêter serment. Elle renferme les sépultures de quelques hommes célèbres.

V. Tour de la Grosse-Cloche, dite de l'Hotel-de-Ville. Cette tour a été élevée vers le xiie siècle; on voit dans cette tour la cloche de l'Hôtel-de-Ville, sur laquelle est gravée l'inscription suivante :

Convoco arma.	*Signo dies.*	*Noto horas.*
J'appelle aux armes.	Je compte les jours.	Je marque les heures.
Compello nubila.	*Concino læta.*	*Ploro rogas.*
Je dissipe les nuages.	Je sonne l'allégresse.	Je sonne la prière.

Cette cloche a été installée dans la tour le 27 juin 1775.

VI. Place du Marché-aux-Veaux. Cette place se trouve au bout de la rue Saint-James et de la rue des Épiciers. C'est par cette place qu'on se rend sur celle de Sainte-Colombe, où l'on remarque encore deux arbres de la *Liberté* plantés pendant la première république.

CINQUIÈME PROMENADE

I. Église Saint-Michel. Cette église, la plus belle après la Cathédrale, date du xie siècle ; elle fut achevée à des époques beaucoup plus rapprochées.

Charles viii et Anne de Bretagne lui firent des dons importants.

Une loterie en faveur de cette église fut organisée, il y a quelques années, pour subvenir aux frais considérables qu'ont occasionnés les immenses réparations qu'on vient d'y faire.

Par suite, cette église va être complètement isolée, et les terrains et places environnants seront nivelés.

On y remarque : 1° l'autel de Saint-Joseph, style renaissance; 2° celui de Notre-Dame de Montuzet, patronne d'une confrérie de marins; 3° celui du Saint-Sépulcre, sculpture du XVIe siècle.

Le portail du sud représente une apparition de saint Michel, celui de l'ouest la naissance du Christ, et celui du nord le sacrifice d'Abraham.

On y trouve des vitraux fort anciens : l'Arbre de Jessé et les Patriarches.

La tour en face de la porte de l'ouest a été construite au XVe siècle. Elle a eu plusieurs destinations. Elle servait encore, il y a quelques années, au télégraphe à bras.

II. Caveau. On trouve dans le caveau Saint-Michel des momies en parfait état de conservation; le sacristain de l'église se charge d'y accompagner les visiteurs.

III. Morgue, sur le quai de la Grave.

C'est une construction élevée vers le milieu du quai, où l'on dépose les cadavres et effets des personnes mortes par accident et hors de leur domicile, quand personne ne les réclame et que rien n'indique leur identité.

En face de la Morgue sont établis les débarcadères des bateaux à vapeur du haut de la rivière : Langon, Agen, etc.

IV. CHANTIERS DE CONSTRUCTION. Ces chantiers de constructions maritimes font, à juste titre, l'orgueil des Bordelais. On y construit des navires du plus fort tonnage. En 1857, l'empire russe y a fait construire deux magnifiques frégates par M. Arman, dont les chantiers de Bordeaux occupent près de 1,000 ouvriers de toutes sortes.

V. PORTE DE LA MONNAIE, en face des premiers chantiers. Elle a été construite en 1752. L'ancien hôtel des Monnaies, aujourd'hui couvent des Ursulines, est à l'extrémité de la rue de la Monnaie.

VI. Moulin a vapeur, quai de Paludate, n° 76. Ce moulin est le seul qui existe à Bordeaux. On y fabrique de la farine et du coke. Il a six paires de meules. On ne le visite que muni d'une permission.

Le reste des quais de Paludate est spécialement affecté aux raffineries et greniers des grains et farines.

VII. Enfants-Trouvés, quai de Paludate. Cet hospice est dû aux libéralités des familles de Tauzia et de Gourgues, de Bordeaux. Il fut affecté d'abord au Dépôt de mendicité, et il ne sert aux Enfants-Trouvés que depuis 1773. Le tour a été supprimé.

La chapelle et l'oratoire de l'hospice sont remarquables par leur élégance et leurs boiseries.

VIII. Église Sainte-Croix, place Sainte-Croix. Elle fut bâtie, de 650 à 660, à côté du vieux monastère de ce nom. Les Sarrazins l'endommagèrent considérablement. Charlemagne la restaura. Les Northmans reprirent l'œuvre de destruction; puis Guillaume-le-Bon, duc d'Aquitaine, donna à cette abbaye l'église et les terres de Saint-Hilaire du Taillan. Plusieurs souverains réparèrent et embellirent l'église Sainte-Croix. La façade rappelle l'art roman et l'art ogival dans plusieurs ouvertures supérieures ; l'abside est romane; à l'intérieur, les voûtes sont du XIIIe siècle.

La façade est le plus riche fragment que l'époque du plein-cintre ait laissé à Bordeaux. La décoration, fort curieuse, a exercé l'érudition des archéologues, qui n'ont jamais bien pu en expliquer les allégories.

On voit sur le portail la Femme dite aux serpents, tourmentée par le Démon, représentant la luxure et les peines qui lui sont réservées.

IX. Hospice des Vieillards, place Ste-Croix, n° 7. Cet hospice est établi, depuis 1792, dans les bâtiments de l'ancien monastère des Bénédictins. Il peut contenir près de 200 pauvres. D'importantes améliorations y ont été faites depuis un incendie survenu en 1853.

X. Hospice des Incurables et Hospice de la Maternité, rue des Incurables. Fondé en 1743; reçoit 109 infirmes. Sœurs de Saint-Vincent. On reçoit à la Maternité les indigentes au neuvième mois de leur grossesse.

XI. Abattoir, cours St-Jean. Construit en 1832 par Durand, il comprend 21 bâtiments, et occupe une superficie de 13,200 mètres environ. Il a coûté près de 700,000 fr.

Ses issues aboutissent à la Garonne par un canal en plomb.

XII. Marché aux Bestiaux, cours St-Jean. Les halles et bâtiments de ce marché ont été élevés en 1856 et 1857, et sont d'une construction élégante et remarquable. Charpente en fer. Ils avoisinent la gare des chemins de fer du Midi.

C'est sous ces halles qu'a eu lieu, le 28 juin 1857, la distribution des prix aux Orphéons de France.

XIII. Gare St-Jean, dite du Midi. Cette gare est située rue St-Vincent-de-Paul, et occupe avec les ateliers une très-grande étendue de terrains. On ne peut la visiter que muni d'une permission émanant de la direction, dont le siége est situé cours de Gourgues, n° 8.

Cette gare, construite provisoirement, doit être plus tard (pour les voyageurs) transportée, dit-on, dans un emplacement plus rapproché de la ville.

XIV. ASILE DES ALIÉNÉES, cours Saint-Jean. Cet asile, dû à la bienfaisance publique, n'est spécialement affecté aux femmes que depuis le 8 juillet 1845. C'était autrefois un enclos où l'on mettait les malades pendant les épidémies.

Il y a quatre classes de malades, soignées à raison de 3 fr. 30, 2 fr. 20, 1 fr. 50 et 1 fr. par jour.

XV. PETIT SÉMINAIRE, aussi cours St-Jean. Ancien Dépôt de mendicité qui a servi à une pension de Jésuites. Il ne fut érigé en séminaire qu'en 1828.

XVI. DÉPOT DES VÉNÉRIENS, cours Saint-Jean, n° 22. Cet établissement a reçu cette destination depuis 1816; il a été agrandi en 1853. Il peut contenir 25 hommes et 70 femmes.

On y fait le service du dispensaire.

Le nombre des filles publiques à Bordeaux est d'environ 700 (inscrites).

XVII. Porte des Capucins, place des Capucins, érigée par Tourny en 1744. Colonnes style toscan; fronton attique.

SIXIÈME PROMENADE

I. PORTE D'AQUITAINE, place d'Aquitaine ou Saint-Julien. Colonnes d'ordre toscan; écusson remarquable représentant les armes de la ville de Bordeaux. Arc de triomphe de la rentrée des Bourbons en 1814.

II. ÉGLISE SAINT-NICOLAS, rue Saint-Nicolas. Cette église a été construite en 1821 par Poitevin, architecte de la ville.
On trouve à côté l'HOPITAL MILITAIRE, anciennement Blanchisserie St-Nicolas.

III. CIMETIÈRE DES ISRAÉLITES, route

d'Espagne. Ce cimetière n'est ouvert que depuis 1815 ; on y trouve quelques monuments d'un certain luxe.

IV. Couvent de la Miséricorde ou des Repenties, rue Sainte-Eulalie. Il contient environ 400 filles. Il a une succursale dans le département.

V. Grand Séminaire, rue Française. Il a été fondé par Mgr Daviau, en 1804. Ancien couvent des Capucins. Il possède une bibliothèque fort riche.

VI. Synagogue, rue Causserouge. On remarque sur la façade : les tables de la loi, le chandelier à sept branches, deux colonnes du temple de Salomon ; à l'intérieur, une nef séparée par vingt-deux colonnes latérales supportant des tribunes.

VII. Mont-de-Piété, rue du Mirail, 29.

Créé par décret du 30 juin 1806. Il y a divers bureaux en ville. — Engagements, 2,000,000 par an, en moyenne.

VIII. CHAPELLE SAINT-JACQUES, rue du Mirail, desservie par des missionnaires. Elle a servi autrefois de salle de spectacle.

IX. CHAPELLE DE LA MADELEINE, rue de Lalande, construite au XVIIIe siècle.

X. ÉCOLE DE MÉDECINE, rue de Lalande, n°s 42 et 44. On reçoit à cette école les jeunes gens qui se destinent aux fonctions d'officier de santé.

XI. CHAPELLE DES CARMÉLITES, rue Permentade.

XII. CHAPELLE DES DAMES DE LORETTE, rue Saintonge, à Sainte-Eulalie.

XIII. RÉSERVOIR, rue de Berry. Consfruit en 1855-56, pour alimenter les fontaines de la partie sud de la ville.

XIV. Église Sainte-Eulalie, fondée vers le xie siècle, à la place d'une ancienne abbaye. On trouve sur ses murs diverses inscriptions et dates. Son lutrin est fort remarquable; il représente la vie du prophète Élie. C'est dans cette église que sont les restes des *Corps-Saints* dont la procession a lieu tous les ans dans les rues de la ville, quinze jours après celles de la Fête-Dieu.

XV. Bureau de Bienfaisance, rue Pélegrin, 75.

XVI. Caserne A dite de Saint-Raphael, rue de Berry. Infanterie. Ancienne maison de force pour les filles publiques, puis séminaire de Saint-Raphaël. Caserne depuis l'an IV.

XVII. Caserne B, rue Ségur. Ancien

monastère des religieuses de Notre-Dame. Caserne depuis l'an IV.

XVIII. Hopital Saint-André, place d'Armes. Ce vaste monument a été construit d'après les plans de M. Burguet. Il a coûté environ 2,000,000 de francs, et occupe une superficie de 18,000 mètres carrés. Il a 143 mètres de façade. Les cours et jardins sont parfaitement aérés. On peut y recevoir environ 700 malades.
On y prend des malades payants.

XIX. Gare de Ségur, chemin de Pessac. C'est l'ancienne gare du chemin de fer de La Teste. Aujourd'hui, les bureaux de divers ingénieurs des chemins de fer du Midi y sont établis, ainsi que des ateliers.

XX. Manufacture des Tabacs, place Rodesse. On ne peut visiter cet établissement que muni d'une autorisation. On y occupe cinq cents ouvriers environ.

XXI. Cours d'Albret. Ce cours, ou *allées*, part de la rue Dauphine et va jusqu'au cours d'Aquitaine.

XXII. Manufacture de Tapis, rue Lecoq, n° 12, appartenant à MM. Laroque et Jacquemet.

SEPTIÈME PROMENADE

I. Église Saint-Bruno. Consacrée en 1620, c'est un ancien monastère de Chartreux. Les peintures de l'intérieur sont fort belles. Le chœur surtout est très-remarquable et d'une sévérité saisissante.

A gauche est le mausolée du marquis de Sourdis.

II. La Pépinière départementale. Elle date de 1812. Elle a 5 hectares environ.

III. Ancien Jardin des Plantes. Ce jardin possédait quelques arbres rares qui ont été coupés ou transportés à grands frais au nouveau jardin, notamment un *magnolia* pyramide, pour lequel on a construit en ville un chemin de fer. Son transport a coûté plus de 20,000 fr. Les journaux et les pamphlets (1857) ont beaucoup parlé de cet arbre.

IV. La Chartreuse, chemin d'Arès. Ce vaste et magnifique cimetière, un des plus beaux de France, est établi depuis 1792 sur l'ancien grand champ des Chartreux.

Il a été agrandi en 1852 et augmenté des terrains formant naguère l'établissement public des Montagnes-Russes et des Champs-Élysées.

On trouve dans ce cimetière les tombeaux du général Moreau; de Lacour, peintre; de Ravez, avocat; de Bonard, membre de l'Institut; de Ferrère, avocat; de Paillère, peintre; du comte de Monbadon, pair de France; de Jacques Galos; de Henri Fonfrède; de A. de Tranchère, ancien maire de Bordeaux, etc., etc.

V. La Remonte, chemin de Mérignac.
C'est aussi là que se trouve l'Hippodrome
appartenant à la Société hippique et où
ont lieu ses *steeple-chases*.

VI. Le fameux Restaurant des Frères
Arnaud, et le Sacré-Cœur.

VII. Cimetière des Protestants, à
l'extrémité de la rue Judaïque, en face de
l'usine à gaz.

VIII. Usine a Gaz, rue Judaïque. Cette
usine est établie depuis 1824; la ville
commença à s'éclairer au gaz en 1840.
L'éclairage à l'huile, qui disparaît peu à
peu, remonte à 1758. Bordeaux dépense
environ 200,000 fr. de gaz par an. Les
concessions de gaz aux particuliers se font
au compteur.

IX. Plaisance. C'est un établissement
public où les corps d'état donnent de

magnifiques bals. Il y a aussi, le dimanche, des bals publics. — Entrée : 50 c.

X. La Laiterie, rue Judaïque, n° 97. La Société des Amis des Arts y a fait ses Expositions annuelles de tableaux d'artistes vivants. Une délibération récente du Conseil municipal vient d'affecter à ces expositions une des salles qui sont sur la terrasse du nouveau Jardin des Plantes, bien entendu après appropriation.

XI. Église St-Seurin, sur les allées d'Amour. Cette église a été élevée, au xie siècle, sur les ruines d'un monastère. Le portail méridional est fort remarquable par ses sculptures. Les chapelles Saint-Jean et Notre-Dame remontent aux xiiie et xive siècles.

Le maître-autel et les voûtes ont été réparés en 1855.

La crypte est aussi très-remarquable. On y trouve des tombeaux d'une antiquité reculée. On y voit surtout celui de saint Fort, qui est l'objet d'un culte particulier, les 16 et 17 mai, à l'époque de la foire de ce nom. On dépose dessus les enfants pour leur faire, dit-on, prendre des forces.

Les ALLÉES D'AMOUR, qui sont à côté, ont été établies sur l'ancien cimetière.

XII. RÉSERVOIR. Le réservoir des eaux de la rue Mériadeck a été construit pour alimenter les fontaines du centre de la ville.

XIII. LE CIRQUE, rue Castelnau-d'Auros, remonte seulement à l'année 1836. Les troupes équestres de passage y donnent leurs représentations. Cette salle sert aussi aux spectacles de curiosités et de luttes athlétiques.

XIV. PLACE DAUPHINE. Cette place est la plus belle de la ville par la régularité de ses constructions. Le corps-de-garde est la seule irrégularité qu'on puisse y remarquer.

C'est sur cette place que donne la Porte-Dijeaux, édifiée en 1748.

Il a été dernièrement question de la démolir pour faciliter la circulation, fort grande en cet endroit.

XV. Hotel des Monnaies, rue du Palais-Gallien, n° 7. C'est l'ancien couvent de la Mission, créé en 1643. L'hôtel des Monnaies y est installé depuis l'an VIII. La lettre distinctive pour Bordeaux est un K, et le signe du directeur une *feuille de vigne*.

XVI. Casino, rue Rolland, n° 12, ancienne salle de concerts, aujourd'hui salle de ventes par commissaires-priseurs.

XVII. Chapelle Notre-Dame, rue du Palais-Gallien, n° 17. Cette chapelle renferme quelques tableaux et sculptures fort remarquables. Couvent de femmes.

XVIII. Institution des Sourds-Muets, rue des Religieuses, n° 32. On peut y recevoir environ cent élèves. Le prix de la pension est de 800 fr. Enseignement, six ans.

XIX. Bureaux du Payeur, rue Saint-Fort, n° 29.

XX. Palais-Gallien (ruines), rue du même nom. Ces ruines remontent à une antiquité fort reculée. Il est probable que ce palais fut construit par l'empereur Gallien. Sa démolition commença en 1792, et ne fut arrêtée qu'en 1801.

L'ancien amphithéâtre pouvait contenir, dit-on, plus de 15,000 spectateurs.

XXI. Dépot de Mendicité, rue de Terre-Nègre. Il contient 400 indigents. Sa chapelle, construite avec les ouvroirs en 1854, est d'une grande élégance.

XXII. Couvent de Barada, allées des Noyers, n° 40, habité par les dames de Marie-Thérèse. La chapelle de ce couvent sert provisoirement d'église paroissiale sous le nom de *Saint-Ferdinand.*

XXIII. Couvent et Église des Carmes, rue Mandron, n° 1. Les Carmes, établis depuis peu d'années à Bordeaux, viennent de faire construire une église d'une architecture fort remarquable, et d'après les plans du frère Mathieu, de leur ordre. Les cellules y sont adossées du côté nord.

XXIV. Place Fégère. Cette petite place, où se trouvait anciennement un théâtre du même nom, est à l'extrémité de la rue de la Course.

HUITIÈME PROMENADE

I. Église Saint-Louis, rue Notre-Dame. Cette église portait jadis le nom de Notre-Dame-de-la-Visitation. Bénie en 1716, elle fut consacrée en 1817. Sa façade ne manque pas d'élégance, et l'intérieur est remarquable.

Les Archives du département sont déposées dans les dépendances de cette église, qui servaient autrefois de couvent aux Petits-Carmes, rue Sicard, 16. Le public y est admis de deux à quatre heures.

II. Temple protestant, rue Notre-Dame, nos 10-14, inauguré en 1835. Sa façade, de l'ordre dorique, est ornée d'un fronton supportant la Bible. Les Allemands y ont un service spécial. École de filles et de garçons.

III. Jardin des Plantes, cours du Jardin-Public. Ce jardin, qui servait, il y a peu d'années, de champ de manœuvres à la cavalerie, vient de recevoir sa nouvelle destination. L'administration y a fait construire une serre, transporter des arbres à grands frais, et creuser une rivière.

L'ancien hôtel Bardinaud (direction des Contributions indirectes) a été acquis en 1857 pour être adjoint au Jardin des Plantes.

IV. Quai des Chartrons. Ce quai est surtout affecté à l'embarquement et au débarquement des vins et spiritueux.

V. Église Saint-Martial, en face de la rue Denise. Cette église est ouverte depuis 1841, et a remplacé l'ancienne église Saint-Martial de la rue Poyenne.

VI. Fabrique de Porcelaine Johnston, quai de Bacalan, n° 77. Ce vaste établissement, construit d'abord pour servir de moulin à moudre le blé, ne reçut sa nouvelle destination qu'en 1834.

Près de 800 ouvriers y sont occupés toute l'année. On y fabrique la porcelaine anglaise et la poterie de fer. De plus, la manufacture produit des briques réfractaires et beaucoup de coke.

On peut visiter cette immense usine, muni d'une permission.

VII. Fonderies, quai de Bacalan, et rue de Lormont. La première appartient à MM. Cousin frères, et la seconde à MM. Maldant. On y construit spécialement les machines à vapeur.

Ces ateliers occupent un nombre considérable d'ouvriers.

VIII. Magasin des Vivres de la Marine, à Bacalan, n° 275. C'est là qu'on entrepose et prépare les vivres destinés aux navires de l'État. En face de ce vaste établissement existent deux débarcadères et une cale où, chaque année, on élève des amphithéâtres pour les *Régates bordelaises*.

On trouve après le Magasin des Vivres quelques chantiers de constructions maritimes de moindre importance que ceux de Paludate et de Lormont.

Il y a aussi la Verrerie de M. Promis, la Raffinerie de M. Bertin, et la Filature de laine située chemin de La Barde.

Telles sont toutes les curiosités susceptibles d'attirer l'attention du voyageur à Bordeaux.

Nous avons cherché, en parcourant ainsi chaque partie, à économiser le temps et les pas du visiteur. Avec notre *Guide* à la main, il peut, lui seul, parcourir la ville, la visiter et ne rien oublier.

PROMENADE HORS BORDEAUX

Les environs de Bordeaux, sur la rive droite de la Garonne (côté de La Bastide), offrent quelques curiosités que nous allons désigner fort succinctement, bien qu'elles soient dignes de l'attention du touriste et du voyageur.

En première ligne, se trouve l'immense *Gare du chemin de fer de Paris*, construite par M. Pepin-Lehalleur. L'intérieur est fort grandiose et fort bien approprié au service. On remarque surtout dans les environs les magnifiques fours à coke qu'a fait construire la Compagnie.

Les *Tunnels* de Lormont; — la *Poudrière;* — les *Chantiers* de MM. Chaigneau, traversés par le chemin de fer, qui a payé une indemnité de 800,000 fr.

Le *Pont de Cubzac*, construit sur la Dordogne en 1840. Il a une longueur de 545 mètres et est supporté par 12 flèches ou piles doubles en fonte espacées de 100 mètres. Sa plus grande hauteur est de 28 mètres 50 centimètres. Il y a, avant d'arriver au tablier du pont, 29 arcades se développant sur 200 mètres de long, plus des talus; ce qui porte la longueur de ce pont, véritable monument, à 1,545 mètres.

Le *Bec d'Ambès;* — le château de *Montferrand*, résidence de M. le comte de Peyronnet, ancien ministre; — les marais de sangsues de M. Brannens.

Le château seigneurial de *Vayres*, près

de Libourne, dont l'architecture date des XIIIe et XIVe siècles.

La ville de *Libourne*, fondée au XIIIe siècle. On y voit un pont en pierre, fort remarquable, sur la Dordogne, et bâti sur le modèle du pont de Bordeaux ; il est libre depuis plusieurs années. La passerelle du chemin de fer de Paris est un peu plus haut vers le sud.

L'Hôtel-de-Ville, sur la place du même nom, dont la construction remonte au XVIe siècle. Musée et Bibliothèque.

L'Hôpital civil et militaire.

Les Casernes, dont les Libournais sont fort orgueilleux.

Les Haras.

La petite ville de *Coutras*, à la bifurcation du chemin de fer de Lyon à Bordeaux. Ruines d'un vieux château. — Plaines de Coutras : victoire d'Henri IV sur le duc de Joyeuse, 20 octobre 1587. — Deux ponts suspendus, et une passerelle du chemin de fer sur l'Isle. — Les moulins de Laubardemont.

La célèbre abbaye de *Guîtres*, aujourd'hui église cantonale, et le château de *Bellisle*, où séjourna Henri IV, appartenant à M. Deymène.

Près de Libourne, l'ancienne ville de *Saint-Émilion*. Crypte creusée dans le rocher vers le viie siècle, surmontée d'un immense clocher datant du xiie siècle; du haut de ce clocher, la vue s'étend à près de vingt lieues. La chapelle date du xive siècle et est fort remarquable. L'église de la Trinité est aussi très-curieuse et possède des peintures murales remontant à une haute antiquité. — La grotte souterraine. — Ruines d'une abbaye. — Restes d'un couvent de Jacobins. — Le château du Roi; — Le palais Cardinal, dans les murs de l'enceinte, datant du xiiie siècle.

En outre, la petite et intéressante ville

de *Saint-Emilion* est célèbre par ses excellents vins rouges et ses macarons.

En revenant à *La Bastide*, on peut visiter la belle côte de *Cenon*; l'établissement des bains de *Monrepos*; le magnifique château de M. le baron de Travaux, à *Bouillac*; l'hôpital de *Latresne*, dû à la munificence de M. le comte de Bonneval, célèbre docteur homœopathe de Bordeaux;

Et en revenant par le bord de la Garonne : les immenses établissements industriels qui sont en amont du pont de Bordeaux, sur la rive de La Bastide. Ces divers établissements occupent une quantité considérable d'ouvriers.

La rive gauche de la Garonne n'offre pas moins de curiosités au double point de vue artistique et industriel.

Dans le rayon de Bordeaux, on trouve :

La petite commune de *Caudéran*, avec une église d'une construction récente et d'une architecture fort élégante. Une foule de châteaux et de biens de campagne qui sont autant de demeures princières.

L'emplacement du camp de *Saint-Médard* en 1845, commandé par les princes de la famille d'Orléans, qui résidaient dans le château de *Beaufort;* — la Poudrière de Saint-Médard.

Au *Bouscat*, les magnaneries de vers à soie et les marais de sangsues de *Blanquefort;* — l'Hippodrome où ont lieu tous les ans, en avril, les courses de chevaux du département.

A *Talence*, l'église des Oblats, où, par tradition, on fait de nombreux pèlerinages pendant l'année et principalement au mois de mai.

A *La Brède*, on trouve le célèbre château de Montesquieu, l'immortel auteur de l'*Esprit des Lois* et des *Lettres Persanes*. Les descendants de cet homme illustre ont conservé religieusement sa bibliothèque et ses meubles.

L'architecture du château et des dépendances remonte au XIIIe siècle.

A *Pessac*, sont le château de Haut-Brion et la propriété du pape Clément, si renommés pour l'excellence de leurs vins. — Le propriétaire du Haut-Brion a vendu en récoltes de quelques années (en 1857) pour 1,200,000 fr. de vins.

MÉDOC

On arrive au *Médoc* par les messageries et par les bateaux à vapeur. Il était gravement question, depuis quelques années, de construire un chemin de fer dans cette direction ; les études sont toutes achevées, et le projet est aujourd'hui approuvé par le Gouvernement.

Le monde entier connaît la richesse de ce sol privilégié, sur lequel s'élèvent les châteaux si connus de Lafitte, de Cos d'Estournel, de Branne-Mouton, de Léoville, de Latour, et les demeures princières de nos principaux négociants de Bordeaux.

Une promenade dans ces contrées ne peut donc manquer d'intéresser vivement le visiteur, surtout quand il a toutes facilités de locomotion.

On peut voir dans le Médoc la petite ville de *Lesparre;* le clocher célèbre de l'église de *Saint-Vivien;* la petite ville de *Pauillac,* ancienne station romaine; les digues du Bas-Médoc, au *Verdon* et à *Soulac*, travaux gigantesques entrepris pour empêcher la mer d'envahir les terres.

Au milieu de la Gironde, on peut visiter le pâté de Blaye, et de l'autre côté du fleuve l'ancienne ville de *Blaye,* avec sa citadelle, où fut prisonnière la duchesse de Berry en 1830.

Mortagne, — et enfin, à l'embouchure

de la Gironde, *Royan*, célèbre par ses bains de mer, qui sont fréquentés chaque année par les baigneurs de tous pays.

Ces bains de mer, depuis quelques années surtout, sont en grande vogue.

D'élégants et vastes établissements, un superbe Casino, où l'on danse tous les soirs, font de ce séjour un des plus agréables et des plus fréquentés dans ce genre.

Les excursions sur la côte sont aussi en grande faveur.

On peut visiter, au milieu de la Gironde, devant Royan, la *tour de Cordouan*, au haut de laquelle sont établis des feux servant de guide aux navires qui veulent entrer dans le fleuve.

Royan est un des points du département d'où la mer offre le plus majestueux spectacle. On s'y rend par des services réguliers de bateaux à vapeur pendant tout l'été.

On trouve à Royan, pendant la saison

des bains, des hôtels où l'on se loge et se nourrit depuis 5 fr. par jour.

On y trouve également des maisons meublées à louer au mois et à la quinzaine. Les prix en sont débattus par les propriétaires et les preneurs.

Indépendamment de la salle de danse, le Casino a aussi des salles de jeu, de lecture et de conversation très-fréquentées.

La police est très-rigoureuse sur la question des mœurs, et exerce un œil vigilant sur quiconque y porte atteinte.

En remontant la Gironde vers Bordeaux, on rencontre la petite ville de *La Roque*, où sont établis des chantiers de construction ; puis l'ancienne cité de *Bourg*, où Louis XIV séjourna avec sa cour en 1650.

———

De retour à Bordeaux et en remontant la Garonne par les bateaux à vapeur du quai de la Grave, un des plus délicieux voyages qu'on puisse faire est celui d'*Agen*, par eau ou bien par la voie ferrée de Cette.

Il y a à *Cambes* (rive droite) la demeure de Brémontier qui ensemença les dunes des Landes.

On peut aussi s'arrêter à *Cadillac*, petite ville fondée au XIVe siècle. — Château du duc d'Épernon, construit en 1598; — la cheminée de la chambre de la duchesse est du plus beau travail, et représente la déesse de la Victoire ayant à ses côtés la Force et la Paix.

Le duc d'Épernon fut visité (en 1620) par Louis XIII, se rendant dans le Béarn.

L'église de Cadillac et la *porte de la Mer* méritent l'attention du visiteur. — Hospice d'aliénés pour les hommes, et maison de détention pour les femmes.

Plus loin, l'église de *Sainte-Croix-du-Mont*, avec la chapelle dont les murs sont entièrement construits avec des coquillages.

Verdelais, si célèbre par ses pèlerinages et sa Vierge miraculeuse. — Site admirable ; — le calvaire élevé en 1856, par Mgr Donnet, cardinal-archevêque de Bordeaux. L'église de Verdelais date du XIIIe siècle. Le culte de Notre-Dame de Verdelais et le calvaire ont été solennellement consacrés en 1856 par Mgr Donnet assisté de neuf autres prélats, en présence d'une population immense, accourue de tous les points du département et des départements voisins.

Saint-Macaire. — L'ancien château de *Castets*, appartenant à M. du Hamel. — L'embouchure du Canal latéral, dit le *Canal du Midi*.

La Réole. Cette ville conserve encore les restes d'une haute antiquité, et est bâtie sur les bords de la Garonne. Elle possède une gare du chemin de fer de Bordeaux à Cette, et une cale pour les bateaux à vapeur d'Agen.

On remarque à La Réole un pont suspendu fort élégant, et un vieux monastère de Bénédictins, qui renferme aujourd'hui les bureaux de toutes les administrations de la ville, y compris le Tribunal de première instance.

C'est en face de La Réole qu'on voit l'ancienne habitation des célèbres frères Fauché.

Le Canal latéral, qui se trouve de l'autre côté de la Garonne, appartient aujourd'hui à la Compagnie des chemins de fer du Midi. Cette concession doit durer 99 ans, à dater du 24 août 1858.

Bazas, qu'on laisse dans les terres, est une ville fort ancienne, où il y a un collége dirigé par des ecclésiastiques, et qui jouit d'une grande réputation.

La petite ville de *Langon*, et une foule

de petites bourgades et de chefs-lieux de canton échelonnés sur le parcours du chemin de fer, entre autres *Cérons*, et le château appartenant à M. de Carayon-Latour.

On peut également visiter le château de M. de Lur-Saluces, dont les vins blancs sont si renommés.

Sur la ligne de Bayonne, on trouve *Pessac*, — banlieue de Bordeaux, — où la population ouvrière va passer ses jours de dimanche et de fêtes.

De là on va directement à

ARCACHON

C'est la ville de plaisance et d'été des habitants de Bordeaux, et elle tend à devenir bientôt un faubourg de Paris.

Parisiens et Bordelais, depuis quelques années, se disputent à des prix fous la ocation des élégants châteaux et châlets qui bordent l'immense bassin d'Arcachon, sur une étendue de plus de deux lieues.

On se fait peu l'idée de l'effet que produit sur l'imagination des visiteurs cette ville nouvelle, bâtie au milieu des forêts de pins. Aujourd'hui que le chemin de fer ne s'arrête plus à La Teste, et qu'il porte à Arcachon même, cette immense plage est appelée à une tout autre destinée.

Le Gouvernement, frappé de l'étendue de ce magnifique bassin (12,000 hectares), où la mer semble se plaire à aller prendre du repos, a fait faire de grandes études pour y établir un port de refuge. Nous ignorons où en est la question.

Arcachon, depuis quelques mois seulement, vient d'être érigé en commune.

Deux chapelles s'élèvent aux deux extrémités de cette petite ville. La première est la chapelle votive qui existe depuis des siècles ; elle est remplie de pieux *ex voto* donnés par les braves marins de la côte qui ont échappé aux nombreux naufrages signalés chaque année parmi les plus affreux sinistres.

La seconde, sur la plage d'Eyrac, est l'élégante chapelle de Saint-Ferdinand, érigée depuis deux ans seulement, aux frais des divers propriétaires des alentours.

De somptueux hôtels existent à Arcachon depuis longtemps. Les plus en faveur sont :

1° L'HOTEL LEGALLAIS, un des plus vastes et des plus confortables de la côte, avec un grand nombre de chambres et de lits. Rien ne manque chez M. Legallais, bonne figure d'hôte et bonne table. La plage, qui vient jusqu'aux portes de l'hôtel, est du sable le plus fin, et l'air de la mer, se mariant à celui des ombrages frais de ses ormes séculaires, fait de cet établissement un ravissant séjour.

M. Legallais prend des pensionnaires depuis 6 fr. par jour.

2º L'HOTEL DES EMPEREURS, aussi sur la plage.

3º L'HOTEL GAILHARD, à Eyrac. Cet hôtel, en face de la salle du Casino, a été de tout temps le rendez-vous des *sportmen* qui vont passer quelques jours à Arcachon. Les jours de fêtes et dimanches sont des jours privilégiés pour cet hôtel, qui tient aussi un restaurant à la carte.

On recommande beaucoup aux malades le séjour d'Arcachon. L'odeur balsamique des pins, tempérant la force des émanations hydrothérapeutiques de la mer, produit sur l'organisation faible les plus bienfaisants effets.

On ne pourrait pas compter tout ce que les gens de l'art et les écrivains fantaisistes ont écrit sur Arcachon, et tous se sont accordés sur l'originalité de ce pays, s'il faut parler ainsi.

Nous ne reprochons à Arcachon qu'une chose, — au point de vue des plaisirs bruyants, —c'est le peu de distractions qu'on y trouve le soir. Il semble qu'on pourrait remédier à ce mal, qui ne peut cependant pas en être un, quant aux gens qui vont prendre les bains de mer pour leur santé et non pas pour continuer, par les plaisirs et les danses, les fatigues de l'hiver et de la ville.

Mais les temps et les choses changeront pour Arcachon, maintenant que les Parisiens prennent cette plage en haute faveur.

Quelques intelligents industriels arriveront un jour ou l'autre de Paris et créeront, sur les terrains encore disponibles, sur la belle BUTTE MONTMARTRE, par exemple, derrière l'hôtel Gailhard, quelques somptueux lieux de rendez-vous de plaisir pendant l'été, et de chasse pendant l'hiver; pour, de là, aller dans la forêt ou sur l'*île aux Oiseaux* qui est vers le milieu du bassin.

C'est en face d'Arcachon, et vers la pointe, que se trouve le phare du *cap*

Ferret, d'où l'on voit l'Océan dans toute son étendue. C'est un lieu de promenade fort goûté par les baigneurs qui ont parcouru pendant plusieurs jours la forêt ou les rizières à dos d'âne ou de cheval.

On fait aussi de délicieuses promenades sur le bassin dans des barques fort élégantes et sans courir le moindre danger.

Tout ce qu'on pourrait dire et écrire sur Arcachon ne donnerait jamais une idée de ce que ce peut être. Pas un touriste, se rendant aux Pyrénées, ne manquera l'occasion de visiter une plage si curieuse et si riante.

PROMENADE INDUSTRIELLE

Nous avons cru devoir compléter ce Guide-poche, — *indicateur spécial et précis des renseignements utiles et artistiques,* — par un chapitre particulier sur les principales industries de Bordeaux.

Pour arriver à ce but, et dans l'intérêt de l'étranger qui a besoin d'être fixé par de loyales recommandations, nous avons entrepris une promenade industrielle à travers les rues de la ville pour visiter les magasins les plus recommandables, et dans lesquels la confiance et la bonne qualité des marchandises vont de pair avec des prix raisonnables.

Nous recommandons surtout de se défier des marchandises à vil prix, parce que selon nous, on paie toujours fort cher le bon marché.

Une des plus importantes industries est sans contredit celle de l'

ÉBÉNISTERIE.

L'ébénisterie est aujourd'hui un véritable luxe en France; à Bordeaux, particulièrement, les ateliers de ce genre et les magasins de meubles abondent de toutes parts. On cite en première ligne :

M. BEAUFILS, *place des Quinconces*, *11 et 12*.

La réputation de la maison Beaufils est européenne, et peu de voyageurs viennent à Bordeaux sans visiter ses immenses ateliers et ses magasins somptueux.

M. Beaufils a reçu, *en 1855*, *à l'Exposition universelle*, la plus haute récompense nationale : UNE MÉDAILLE D'HONNEUR. Il en avait reçu déjà plusieurs autres dans des circonstances sinon aussi solennelles, du moins très-flatteuses, notamment à Londres.

Les meubles de cette puissante maison jouissent d'une grande faveur à Paris et dans toute l'Europe.

La bibliothèque exposée par M. Beaufils à Paris, en 1855, a été, par ordre, portée au Louvre, où elle n'est pas un des moins beaux ornements de ce magnifique palais qui renferme tant de richesses.

L'Empereur de Russie a chargé M. Beaufils de l'ameublement des frégates qu'il a fait construire cette année à Bordeaux par M. Arman.

Le grand-duc Constantin, en passant dans notre ville, au mois de mai 1857, a voulu visiter les ateliers et magasins si vantés de cet honorable industriel.

Nous ne pouvons résister à citer en entier, ici, le rapport du jury, lors de l'Exposition universelle de Paris, et d'après lequel M. Beaufils a reçu une médaille d'honneur ; en voici le texte :

« M. BEAUFILS, à Bordeaux. — Si l'élégance de
» la forme et la perfection du travail sont les con-
» ditions principales de succès dans les industries
» qui se rattachent à la décoration et à l'ameuble-
» ment, il est certaines natures de produits qui,
» sous une apparence plus modeste, ne sont pas
» moins dignes de l'intérêt général, et de ce
» nombre sont les meubles de M. Beaufils, de
» Bordeaux.
» La fabrique de M. Beaufils a été fondée à Bor-
» deaux en 1831. A cette époque, l'ébénisterie
» bordelaise ne produisait pas au delà de 90,000
» francs par an, et la ville elle-même tirait pres-
» que tous ses meubles de Paris. Vingt ans se sont
» écoulés, et, sans tenir compte des nombreuses
» maisons formées par les anciens ouvriers de
» M. Beaufils, les produits fabriqués dans ses ate-
» liers seuls dépassent, en 1854, un chiffre de
» 750,000 fr. — Aujourd'hui, les meubles de la
» maison Beaufils s'exportent à Bourbon, Maurice,
» Cayenne, aux Antilles, à Mexico, Vera-Cruz, au

» Brésil, au Chili, puis à San-Francisco de Cali-
» fornie, à Gorée, ainsi qu'à Sidney, à Melbourne,
» dans l'Australie, partout, enfin, où le com-
» merce de Hambourg et celui d'Anvers avaient
» conservé un monopole à peu près absolu.

» Les produits envoyés par ce fabricant à l'Ex
» position universelle sont de deux natures bien
» distinctes : c'est, d'abord, une grande biblio-
» thèque en bois sculpté, constituant ce qu'on ap-
» pelle généralement une pièce d'exposition, ri-
» chement décorée de figures et de bas-reliefs ; les
» autres consistent en meubles d'un usage courant,
» quoique présentant, pour la plupart, un certain
» caractère de richesse, et c'est là que M. Beaufils
» s'est élevé à un rang exceptionnel dans la fabri-
» cation.

» La bibliothèque, en noyer sculpté, est décorée
» de figures en ronde-bosse, les quatre Parties du
» Monde, et de bas-reliefs représentant les génies
» des Arts, des Sciences et de l'Industrie. L'enta-
» blement, aux armes de la ville de Bordeaux,
» est surmonté d'une aigle aux ailes déployées, ac-
» compagnée des figures symboliques de la Paix et
» de l'Abondance. A droite et à gauche sont les
» statues de la Foi et de la Loi. Ce grand ouvrage,
» d'une habile exécution, est conçu dans des propor-
» tions colossales, et ne laisse rien à désirer sous
» le rapport du style et du caractère des figures.

» Les autres meubles sont des spécimens cou-
» rants de fabrication, et ce sont ces derniers qui
» ont attiré d'une manière toute spéciale l'atten-
» tion du jury. L'exécution en est principalement
» remarquable au point de vue de la solidité et de
» la précision d'ajustement. Les bois sont entre-
» croisés par un système compensateur qui les met
» à l'abri des accidents qui se manifestent ordi-
» nairement dans les travaux de marqueterie, sous
» les latitudes où la température est fort élevée.
» La modicité des prix est extrême, et s'explique,
» du reste, par l'étendue de la fabrication, et
» surtout par l'emploi d'ingénieuses machines à
» découper qui multiplient une même ornementa-
» tion d'une manière à peu près indéfinie.

» M. Beaufils emploie chez lui 320 personnes,
» et rien ne se fait en dehors de l'établissement,
» qui compte dix-neuf ateliers, tels que scierie,
» menuiserie, bâtonnerie, incrustation de mo-
» saïque, fonderie, sculpture, etc.

» Toutes ces considérations réunies, l'impulsion
» donnée par M. Beaufils à une branche d'indus-
» trie aussi importante dans une ville de premier
» ordre, les efforts faits par ce fabricant pour of-
» frir à nos produits des débouchés assurés sur les
» marchés étrangers, et pour maintenir, par une
» bonne fabrication, la réputation de l'ébénisterie
» française, tels sont les motifs qui ont déterminé

» le jury international à décerner à M. Beaufils
» une récompense proportionnée à l'importance
» des services rendus à l'industrie, en lui décer-
» nant une MÉDAILLE D'HONNEUR. »

M. Beaufils n'avait jamais exposé à Paris. Ses immenses occupations ne lui permettaient pas, alors que les chemins de fer n'étaient point encore organisés, de venir à Paris, où une concurrence exceptionnelle nécessitait sa présence. Les Expositions locales, où il a successivement obtenu les plus hautes distinctions, lui suffisaient; mais lorsqu'il fut question d'Expositions universelles, il sentit la nécessité d'augmenter de sa force la phalange nationale des représentants de l'industrie française à l'Exposition de Londres. — Nous citerons à ce sujet un extrait des lettres de M. Adolphe Blanqui, membre du jury universel à Londres, et rapporteur du jury central de 1849 sur l'ébénisterie.

Voici ce que disait de M. Beaufils ce juge si compétent :

« Un fabricant de Bordeaux, hors ligne, un
» simple ouvrier devenu maître habile, M. Beaufils,
» représente à lui seul l'ébénisterie domestique et
» courante, celle qui procède par la puissance du
» nombre et l'étendue des débouchés. M. Beaufils
» est parvenu à faire des meubles qui bravent les
» variations de température, si meurtrières dans
» les colonies. Il choisit ses bois et il les débite
» avec tant d'intelligence, qu'aucun de ses meu-
» bles ne se tourmente, et que ses placages résis-
» tent à toutes les épreuves. Grâce à lui, notre
» ébénisterie devient chaque jour plus populaire
» dans les régions tropicales, et des marchés im-
» menses s'ouvrent devant elle. Cette élégante so-
» lidité a été remarquée dans tous les articles ex-
» posés par M. Beaufils. »

M. Beaufils, en ajoutant au genre d'ébénisterie *domestique* et *courante* dont Blanqui a fait l'éloge à l'Exposition de Londres, l'ébénisterie d'art et de style qu'il a présentée à l'Exposition universelle de Paris, a voulu encore, nous le croyons, par la construction d'un meuble symbosant *un fait célèbre de notre époque*, endre un hommage reconnaissant à la ille qui lui a fait l'honneur de lui donner n siége parmi les membres de son conseil nunicipal, prouver ce que peut l'intelligence artistique des ouvriers bordelais, et e montrer le digne égal des Vieillard, es Laroque et Jacquemet, et d'autres abiles manufacturiers, à qui l'industrie u département de la Gironde doit la réputation méritée qu'elle a acquise, et que e jury universel de Paris a consacrée au oncours de toutes les nations en 1855.

Après M. Beaufils, nous avons une naison fort ancienne et fort recommanlable, dont la modestie de l'étalage est ine sûre garantie de la solidité de tout ce qui en sort :

M. LAPOUGE, *cours de Tourny, 9.*

Cette maison fait depuis longtemps de grandes affaires, et a peu besoin du clinquant dont use une partie des faiseurs dans ce métier, comme dans tous les autres.

Nous croyons cependant qu'en ébénisterie surtout, on doit se défier des brocanteurs, parce que les objets mobiliers, dès que quelque vice se dévoile, deviennent disgracieux et souvent inservables. D'un autre côté, nous croyons que l'extension de ce genre de commerce est une preuve presque certaine de la facilité qu'il y a d'en faire une véritable industrie de pacotille.

C'est donc avec une extrême réserve que nous avons voulu signaler des industriels dans cette branche commerciale, tenant, avant tout, à l'honneur de notre entreprise.

Nous croyons, en définitive, que deux adresses suffisent aux besoins de l'étranger qui achètera notre volume; aussi nous dispensons-nous d'en citer d'autres qui sont également fort recommandables.

De ces magnifiques magasins nous passons naturellement à ceux de

NOUVEAUTÉS.

Ces maisons font à juste titre l'orgueil des Bordelais. Il est impossible d'en trouver nulle part de plus somptueusement assorties et atteignant un chiffre plus considérable d'affaires que les maisons :

GUEUDET ET TALLEMON, *rue Sainte-Catherine, 19.*

Cette maison immense est une des plus importantes en son genre; sa renommée est dans la bouche de toutes les dames à la mode, et son système de vente à prix fixe, organisé depuis quelques années, lui attire la confiance illimitée d'une foule continuelle d'acheteurs, surtout parmi la clientèle aristocratique et riche de la ville.

Indépendamment de la haute nouveauté, cette maison se charge des corbeilles de mariage, des trousseaux et des layettes de la plus grande richesse; et depuis que MM. Gueudet et Tallemon ont entrepris cette spécialité, ils peuvent à peine satisfaire aux demandes qui leur sont adressées.

Chez eux, la dentelle, la lingerie et les cachemires de l'Inde ont également de superbes rayons; quelques-uns de ces accessoires de la toilette féminine atteignent de très-grands prix. Le rayon des cachemires surtout s'élève, dit-on, à une valeur considérable.

MM. BILLIOQUE ET FAUCHER, *fossés du Chapeau-Rouge*, 42.

MM. DURAN ET CHANCEL, *rue Jean-Jacques-Rousseau*, 14.

Les galeries de MM. Duran et Chancel sont aussi fort belles, et leurs rayons de haute nouveauté, de draperie et de soie sont d'une fraîcheur et d'une richesse dignes de la ville de luxe qu'ils représentent.

Si ces messieurs continuent, ils envahiront le pâté de maisons jusqu'au marché des Grands-Hommes; et, depuis quelques années ils n'y vont pas de main morte. La concurrence, qui s'est levée avec envie, loin de leur nuire, n'a fait qu'augmenter l'importance de leur commerce. Ce devait être la lutte du pot de terre contre le pot de fer.

M. COIFFARD, AU MAGOT, *rue Saint-James, 40, près la grosse cloche.*

Cette maison est également en première ligne pour la nouveauté et la soierie. Ses magasins ne désemplissent pas, et le chiffre de ses affaires atteint des sommes considérables.

La maison du *Magot*, comme les autres, fait en grand la confection pour dames, et toutes se disputent entre elles l'élégance de la coupe et l'excellence des marchandises.

La différence des prix de cette maison provient des frais moins élevés qu'elle supporte, et nullement de l'infériorité de ses marchandises. On peut aussi l'attribuer à l'habileté reconnue de M. Coiffard à acheter en fabrique, depuis qu'il a eu l'heureuse idée de fonder cette maison, il y a environ vingt ans.

M. Coiffard fait aussi un commerce important de vins ordinaires.

DENTELLES ET MODES.

Mme BRESSON, *rue Sainte-Catherine, 8.*

Mme Bresson a joint à son coquet magasin de modes la spécialité des dentelles de prix et de la belle lingerie; sa maison est la seule à Bordeaux qui réunisse ces trois articles sur une échelle aussi riche et aussi étendue.

De ces magasins à la

BIJOUTERIE

il n'y a qu'un pas, et nous ne pouvons passer sur la place de la Comédie sans citer :

M. VARAILHON, *place de la Comédie*, 3.

Qui pourrait ne pas admirer les mille riens sur lesquels l'artiste s'est plu à jeter toutes les étincelles de son génie, sous les formes de la fantaisie la plus gracieuse et la plus coquette?

M. Varailhon est le bijoutier à la mode, le fournisseur de la société élégante et des *sportmen* les plus distingués. Or et diamants, tout est là; son magasin est un véritable palais de fée d'où l'on sort tout ébloui.

M. PASQUET, *rue Sainte-Catherine*, 2.

Il est impossible aussi de ne pas le visiter.

M. PAPON, *à la Galerie-Bordelaise*, 35-37.

L'étalage de M. Papon est d'une richesse et d'une variété remarquables. Chaque article est marqué en chiffres connus, et tout le monde peut à l'envi convoiter un choix et fixer sa dépense en jetant son dévolu sur les vitrines de ce riche bijoutier.

M. Papon est le même dont les belles galeries des foires de mars et d'octobre attirent l'attention des étrangers.

Il a une maison à Paris, et fait des affaires considérables en exportation.

Un des bijoutiers qui jouit aussi, dans

le département et les départements voisins, d'une réputation méritée est :

M. DUCOT, *rue Saint-James, 53, près la grosse cloche, en face des magasins du* MAGOT.

M. Ducot est un bijoutier dont la clientèle pour corbeilles de mariage est fort étendue. C'est dire que ses articles sont toujours d'une grande fraîcheur et d'une extrême élégance. Ses exportations à l'étranger prennent chaque jour plus d'extension. Sa réputation comme acheteur de poudre d'or et de métaux précieux lui facilite, du reste, extrêmement ce genre d'affaires. M. Ducot achète de première main ses marchandises, et peut, par conséquent, vendre à des prix avantageux.

Le bijou se marie fort gracieusement aux rubans et aux dentelles ; aussi devons-nous courir aux élégants magasins de

MODES

de

Mme BERNOS, *allées de Tourny, 18.*

Paris, sous ce rapport, n'a pas plus de goût que Bordeaux. L'élégance des Bordelaises est passée en proverbe, et la réputation de Mme Bernos court toute la ligne des boulevards de Paris.

Une Parisienne commande par mode et par goût un article quelconque à Mme Bernos, comme autrefois une Bordelaise se trouvait la plus heureuse femme du monde quand un parent ou un mari lui faisait cadeau d'un chapeau sortant des ateliers d'une modiste en renom de la capitale.

Les modistes de Bordeaux seront, avant peu, les modistes du monde entier.

Mme Bernos est déjà la modiste de la reine d'Espagne, et possède une maison à Madrid.

Les

RUBANS

de

M. BERTHAL, au Pauvre-Diable, *rue Sainte Catherine, 3 et 103,*

qui a établi plusieurs maisons succursales en ville, jouissent de la plus haute faveur parmi le monde élégant.

La

LINGERIE

de

Mlle ALPHONSINE, *fossés de l'Intendance, 6,*

est la lingerie par excellence que les dames à la mode recherchent avec empressement. Les trousseaux de noces et layettes de cette maison sont d'un fini et d'une grâce qu'aucune autre ne peut surpasser. Mlle Alphonsine tient aussi de belles dentelles pour corbeilles de mariage.

PASSEMENTERIE.

Tout le monde peut avoir besoin de cet article, ainsi que de riches cordelières; on n'en trouve guère d'assortiments complets que chez

M. CHAPIEUX, *rue Saint-Remi*, 57.

Sa maison est une des plus anciennes de la ville.

MERCERIE FINE.

M. CAULA, *rue Sainte-Catherine*, 25.

Tout Bordeaux et la province s'approvisionnent chez M. Caula. On n'a pas souvenir qu'aucune maison ait pu entrer en concurrence avec M. Caula, pour assortiments plus complets.

Il y a également

M. Félix MASSIE, *fossés de l'Hôtel-de Ville, 1, et rue Saint-James, 65.*

Ne pas confondre avec MM. Massy et Laurand, de la rue Sainte-Catherine. M. Massie, des Fossés, a un cercle d'affaires immense pour le gros et le détail, et peut offrir, mieux que personne, un choix important et complet de tous les articles de son commerce.

Il tient, en outre, une spécialité pour deuil, et les fournitures pour modes.

CORSETS.

Les *Corsets plastiques* si renommés de

Mme ARQUIER, *fossés de l'Intendance, 23,*

devaient infailliblement s'emparer de la faveur des dames élégantes. On avait cherché, jusqu'à ce jour, un moyen de rendre supportable cet accessoire de la toilette, si funeste souvent aux tempéraments délicats; ce moyen a été trouvé par l'invention du *Corset plastique*, et aujourd'hui on ne connaît guère plus que ce corset si souple et si peu fatigant pour les personnes qui en font usage. On ne pouvait pas se servir plus longtemps de l'ancien corset, véritable camisole de force qui déterminait les maladies organiques les plus pernicieuses.

Les meilleurs de l'ancien système sont ceux de

Mme PETIT, *allées de Tourny, 35,*

usités depuis de longues années.

GANTS.

Rien n'est plus commun qu'un gant, rien ne doit être mieux porté, et rien n'est plus laid qu'un gant mal fait. Aussi est-il essentiel de s'adresser aux meilleurs gantiers.

La fabrique, d'après le système JOUVIN, de

M. DUCHON, *fossés de l'Intendance, 61*,

est une de celles qui nous offrent les meilleures garanties d'une bonne exécution. M. Duchon se charge de faire les gants sur mesure, au moyen de cette ingénieuse mécanique. Il occupe plusieurs coupeurs pendant toute l'année, et fait un commerce important de gros, de détail et d'exportation.

MM. DESBORDES ET JOUET, *rue du Pas-Saint-Georges, 34, et rue du Cerf-Volant, 23.*

Cette maison, une des plus anciennes de la ville, a toujours joui d'une grande vogue pour les gants, dont elle fait un commerce fort étendu en gros et en exportation. L'excellence des marchandises de MM. Desbordes et Jouet leur a valu une belle et nombreuse clientèle, due surtout à leur riche assortiment.

MM. Desbordes et Jouet font aussi un commerce important de bonneterie en gros et en détail, et s'attachent particulièrement à ne vendre que des articles de premier choix.

Le boudoir et la corbeille à ouvrage ont aussi droit à notre souvenir, et nous devons indiquer les

FLEURS ARTIFICIELLES

qui naissent sous les doigts des ouvrières de

M. MEUNIER, *place Puypaulin*, 3.

Il est difficile d'approcher de plus près la nature. Les ateliers de M. Meunier sont en printemps continuel. La rose et la fleur d'oranger, — ces deux reines des jardins et des serres, — peuvent crier à la contrefaçon, mais les experts rendent difficilement leur jugement entre la nature et l'artifice.

Cette maison vend également des articles pour fleurs et des plumes de toutes sortes.

PELLETERIE.

M. DRAGICSEVICS BAZAILLE, *rue Sainte-Catherine, 34*, A L'OURS BLANC.

Cet élégant magasin est le rendez-vous obligé de l'aristocratie et des dames élégantes. La province et Paris n'en possèdent pas de plus riches et de mieux assortis.

M. Bazaille fait lui-même ses emplettes à l'étranger, et visite, pendant les mois d'été, la Russie, la Suède et la Norvège, où il achète en première main la zibeline, la marthe, et tous les objets nécessaires à son commerce.

Plusieurs magasins de la ville et d'une partie de l'ouest de la France prennent chez lui leurs fournitures.

Les riches fourrures de M. Bazaille se distinguent par la finesse du tissu capillaire et le soin apporté à leur gracieuse confection. C'est ce qui explique la vogue soutenue dont elles jouissent à Bordeaux, — la ville de luxe par excellence.

M. Bazaille a également un nouveau procédé pour la conservation des fourrures pendant l'été, et tient un assortiment complet d'articles fantaisie pour voyage, à des prix fort modérés.

NATTES ET TAPIS.

C'est encore un des objets de luxe et de confortable que nous ne devons pas passer sous silence, et parler de ces articles, c'est naturellement citer

MM. ANJARD et PAGÈS, succ[rs] de H. Duclot, *au Bazar-Bordelais, rue Ste-Catherine, 54.*

Cette maison, fondée depuis plus de vingt ans, s'est constamment tenue en première ligne dans ce genre d'industrie, et a obtenu plusieurs médailles honorifiques.

Elle tient depuis la natte et le paillasson les plus modestes jusqu'aux tapis les plus riches d'été ou d'hiver, hamacs, persiennes, toiles cirées et vernies, descentes de lit de toutes sortes et de toutes provenances.

Nous ne croyons pas qu'il soit possible d'avoir un assortiment plus complet et établi dans des conditions plus avantageuses de prix que celui de MM. Anjard et Pagès, qui font également le gros et l'exportation, et se chargent de la conservation des tapis pendant l'été.

MUSIQUE ET INSTRUMENTS.

Un magasin de musique devait naturellement être signalé dans ce *Guide-poche*. Trop de monde s'occupe de cette douce distraction, et trop de personnes ont à faire cadeau d'un instrument, d'une romance ou d'une partition, pour que, d'urgence, nous n'entrions pas dans le magasin de

M. WILLEMOT, *rue des Piliers-de-Tutelle*, *12*.

M. Willemot, depuis plus de vingt ans, s'est attaché à former chez lui une riche collection d'œuvres musicales de tous genres ; aussi les dilettanti trouvent chez lui les compositions les plus nouvelles comme les plus anciennes. Opéras, romances, études, partitions, rien ne manque dans ses cartons ; son magasin est la véritable Babylone moderne de l'art musical ; tous les maîtres célèbres ou en voie de le devenir sont classés dans ce magasin selon leur mérite, et les musiques religieuse et mondaine y sont en riche collection.

M. Willemot vend aussi des instruments de toutes sortes, et notamment des pianos des meilleurs facteurs, à des prix aussi avantageux qu'à Paris.

PROFESSEURS DE PIANO.

Le piano est trop répandu dans les mœurs et coutumes de notre siècle, pour qu'il n'ait pas trouvé place dans ce *Guide*. Mais il ne suffit pas d'avoir un bon piano, il faut aussi savoir s'en servir ; et pour arriver à ce but, il est nécessaire de trouver un bon professeur et un artiste qui sache en toucher avec talent.

M. SCHAD, *rue Puy-Paulin*, 2,

n'est pas seulement un pianiste distingué

et hors ligne, il est aussi un compositeur de grande réputation, à Paris, où il a habité longtemps, et en Allemagne, sa patrie.

M. Schad a publié déjà à Paris une foule d'œuvres fort remarquables, et il consacre toutes ses heures de loisir à de nouvelles publications, que son éditeur, M. Heugel, du *Ménestrel*, attend avec autant d'impatience que les amateurs de la belle et bonne musique.

Il est aussi inventeur d'un nouveau genre de composition musicale fort original : nous voulons parler de sa musique écrite en vers et strophes. La première œuvre de ce genre a été très-goûtée par les dilettanti et les journalistes de la capitale et de la province, qui ont battu des mains et crié bravo à l'artiste modeste et de mérite qui semble ne pas se douter de sa supériorité. M. Schad, qui a habité longtemps Paris, y a donné des concerts qui ont eu un grand retentissement.

LAMPES.

La lampe est le complément obligé d'un riche ou modeste ameublement, et son utilité est incontestable. Le fait seul de cette utilité doit rendre l'acheteur plus difficile sur la qualité; aussi lui conseillons-nous avec confiance de visiter

M. BENTÉJAC, *cours de Tourny*, 65,

qui possède en fait de lampes toutes sortes de modèles et de grandeurs, depuis la plus modeste jusqu'à la plus riche, en cuivre ou en porcelaine de Sèvres, de Chine ou du Japon et de France, dont il fait une spécialité. La monture de ses lampes se fait remarquer surtout par une élégance et un cachet exceptionnels.

M. Bentéjac a également de fort beaux lustres et candélabres, et se charge de tous éclairages, à la ville ou à la campagne, pour bals et soirées.

ORFÉVRERIE CHRISTOFLE.

La vogue de l'orfévrerie, d'après le procédé Christofle, était trop répandue pour qu'on ne pensât pas à ouvrir un magasin de cette spécialité.

Cette orfévrerie, argentée et dorée d'après les procédés électro-chimiques, est déposée aujourd'hui chez

M. B. CLAVÉ, *fossés de l'Intendance, n° 49, succursale de la maison Ch. Christofle et C*^{ie}.

MM. Christofle ont obtenu trois médailles d'or en 1839, 1844 et 1849, et une GRANDE MÉDAILLE D'HONNEUR à l'Exposition universelle de 1855, et tous leurs produits portent leur nom en entier, en outre du poinçon de fabrique.

La succursale de M. Clavé possède un riche assortiment de petite et grande orfévrerie, de services à thé, café et couverts, aux prix du tarif de la société Christofle et Cie.

Indépendamment de sa riche galerie d'orfévrerie, M. B. Clavé tient aussi la quincaillerie de fantaisie et de luxe. Tous les articles de ménage et de bâtiments, tels que garnitures complètes de cheminées en bronze ou dorés, garde-feu, flambeaux, candélabres, caves à liqueurs, théières, cafetières en métal anglais, etc., rien ne manque dans ce vaste bazar, le mieux assorti de la ville, devenu si utile pour le goût du luxe et du confortable, qui est aujourd'hui dans les mœurs de tout le monde.

BRODERIE

en argent et or. Ce genre de broderie n'est guère connu et bien fait que par

Mme LANGLOIS, *rue Judaïque*, 26.

Des articles qui ne sont guère utiles

qu'aux dames, nous devons naturellement passer à ceux utiles à l'homme ; et le premier est le produit du

CHEMISIER.

Il est impossible d'être bien habillé avec une chemise mal faite. La richesse de tout le reste de la toilette ne saurait compenser une pareille défectuosité ; aussi est-il important de s'adresser à

M. CANONVILLE, *fossés de l'Intendance*, *11*.

Le linge va de pair avec le gant et la chaussure, et ils forment à eux trois le cachet de la plus aristocratique élégance. M. Canonville a parfaitement compris la nécessité, pour l'homme du monde, de cette triple réunion, et, pour la réaliser, en ce qui le concerne, il n'est pas de sacrifices qu'il n'ait faits.

Le coupeur de cette maison, avec un instrument connu sous le nom de *colmétrique*, arrive à une coupe si précise et si régulière, qu'il ne permet pas la moindre hésitation dans la confection. Ce système est si avantageux et si sûr, qu'il est inutile d'essayer la chemise avant qu'elle soit achevée, et elle a toujours un cachet d'élégance qui est particulier à tout ce qui sort de ce magasin.

M. Canonville fait aussi un commerce spécial de gilets de flanelle et de caleçons sur mesure, indépendamment de la bonneterie riche et de la ganterie; un de ses rayons est affecté aux articles de toutes sortes pour bains de mer et autres.

Sa fabrique de cols-cravates est aussi une branche fort importante parmi les spécialités que tient M. Canonville; la fraîcheur et la coupe de ces cols-cravates sont une justification suffisante de leur grande vogue.

M. ARQUIER, *fossés de l'Intendance*, 25.

Les chemises de cette maison vont de pair avec les *corsets plastiques* de Mme Arquier, dont les magasins ne font qu'un aussi pour la spécialité et l'élégance. M. et Mme Arquier se sont emparés de la vogue, dès l'ouverture de leur riche étalage d'articles de toilette, et cette vogue leur est assurée pour de longues années.

Les chemises de M. Arquier ont effectivement un fini et une élégance à elles qu'il est difficile de décrire; nous préférons donc conseiller au visiteur d'entrer dans ce magasin si coquet, et de faire étaler sous ses yeux toutes les richesses et la grâce que peut déployer le premier et indispensable vêtement de l'homme, rehaussé par les écharpes et cravates les plus belles et les plus gracieuses.

La maison Arquier est une véritable succursale du bon goût et de la mode, que le monde élégant a pris en haute faveur, et qui justifie pleinement la vogue dont elle jouit.

De la chemise nous devons naturellement passer aux

VÊTEMENTS.

Si la chemise demande le soin et la bonne coupe, le vêtement doit également porter un cachet de distinction et de bon goût qui peigne l'homme auquel il sert. Comme le style, le vêtement c'est l'homme; et un bon tailleur, un coupeur habile sont fort rares. On ne peut guère en trouver à Bordeaux que dans les importantes maisons *du Grand-Théâtre* et *des 100,000 Paletots*.

MAISON DES 100,000 PALETOTS, *rue Saint-Remi, 51, 53, 55 et 57.*

Cette maison, une des plus anciennes en ce genre, a été fondée par M. Th. Bloc, qui en est le seul propriétaire. Ses affaires en exportation prennent une importance dont nulle autre maison n'approche ; aussi occupe-t-elle un nombre considérable d'ouvriers.

On cite les neuf galeries supérieures de la *Maison des 100,000 Paletots*, comme un monument fort curieux à visiter, et ses expositions publiques d'été et d'hiver attirent une grande partie de la population.

M. Bloc a obtenu plusieurs médailles à diverses Expositions, et notamment une à l'Exposition universelle, en 1855.

Cette maison se charge de la confection sur mesure, et donne, dans les *vingt-quatre heures*, des vêtements irréprochables ; elle fait également la confection pour dames, et possède de vastes ateliers pour chemises d'homme.

MAISON DU GRAND-THÉATRE, *place de la Comédie, 2.*

Cette maison est située en face du

Grand-Théâtre, entre le café Helvétius et celui de Bordeaux.

L'honorabilité des fondateurs de cette maison, et le soin qu'ils ont porté à la tenir, depuis sa fondation, au premier rang comme maison en ce genre, lui ont valu une clientèle aussi grande que riche; et elle voit, chaque jour, croître son importance déjà si étendue.

Rien ne se confectionne dans la *Maison du Grand-Théâtre* sans qu'un coupeur spécial à chaque partie du vêtement ait lui-même donné sa coupe exercée, et l'on n'y livre à l'acheteur rien qui laisse apercevoir en lui un seul soupçon de non-satisfaction.

Une des recommandations les plus favorables encore, est celle du prix fixe et invariable, et l'excellente qualité des étoffes que MM. Rodrigues jeune et Cie achètent eux-mêmes dans les meilleures fabriques. Les beaux étalages de cette maison et les riches assortiments de vêtements tout prêts sont, du reste, un vrai défi à ceux qui douteraient de ce que nous constatons ici comme consommateur.

Un poète bordelais parlait ainsi, à propos de mode, de la *Maison du Grand-Théâtre* :

La Mode a ses attraits, et chacun l'idolâtre.
Son Louvre est situé Maison du Grand-Théâtre,
Face au temple des arts, chef-d'œuvre de Louis,
Séparant Helvétius du café de Paris.
La Mode se plaît là ; sur son moindre caprice,
Le coupeur aussitôt se met en exercice ;
Les draps et les tissus tombent sous les ciseaux,
Et se changent soudain en vêtements nouveaux.
Pantalons tour à tour collants, à la hussarde,
Pantalons de salon, pantalons de mansarde ;
Gilets éblouissants de peluche et velours,
Gilets brodés pour bal, de drap pour tous les jours :
L'habit noir élégant de ville et de soirée ;
Le paltot transformé, comme un nouveau Protée,
En cloches, en raglans, jaquettes, pardessus,
Les uns courts, étriqués, les autres longs, cossus :
De tous ces vêtements l'architecte est la Mode ;
Elle seule dirige et conduit le synode
De ces bons ouvriers, de ces adroits coupeurs.
Cet établissement a toutes ses faveurs !

Aussi voit-on toujours ses vastes galeries
De nombreux acheteurs constamment envahies,
Selon l'âge, le goût et la position,
Se vêtir, et des mieux, à la confection :
Car la confection n'entend plus à cette heure
Qu'on la prenne en mépris, qu'on la traite en mi-
[neure,
Et nul ne fait mieux qu'elle, et ne peut parvenir
A voir au bon marché l'élégance s'unir.
Mais ce qui fait surtout son succès si durable,
C'est que tout est coté prix fixe, invariable !
Et que l'on peut aller, sûr de trouver du bon,
Du Grand-Théâtre, enfin, visiter la Maison.

      Louis Leconte.

On ne pouvait pas mieux dire ces vérités, et donner le mot de l'énigme du succès de cette maison.

CHAUSSURES CHEVILLÉES ET A VIS.

La chaussure à la mécanique, dite *chaussure corioclave,* a pris une telle importance commerciale que nous ne pouvons nous empêcher de signaler ici :

MM. DORÉ ET Cie, *rue du Chapelet, 5;*
allées de Tourny, 30, et fossés de l'Intendance, 14.

Cette maison peut à peine fournir aux débouchés qui s'ouvrent devant elle tous les jours, soit au détail, soit en exportation.

Ses prix sont fixes et invariables. Cette maison, sûre des avantages de sa production, n'accorde que cinq pour cent de remise sur les ventes en gros. Elle a toujours dans ses magasins une si grande quantité de chaussures de toutes sortes, qu'on peut, en toute assurance, s'y présenter; on en trouvera toujours à son pied, serait-il le mieux fait, serait-il le plus difforme.

La maison Doré fabrique depuis la chaussure la plus légère jusqu'à la plus forte et la plus lourde pour le marais et la chasse, et ses exportations se font jusque dans les pays les plus lointains. Elle vient de faire construire une MACHINE à fabriquer qui lui permettra d'étendre encore davantage son commerce, en améliorant même, si c'est possible, sa fabrication reconnue supérieure déjà à toutes celles de ce genre.

CHAPELLERIE.

La chapellerie bordelaise, comme luxe, était arriérée, et n'avait pas suivi, comme les autres industries, la grande voie du progrès ;

M. LAPALUS, *fossés du Chapeau-Rouge, 46, et rue Piliers-de-Tutelle, n° 1,*

vient d'ouvrir un magasin d'une richesse éblouissante. Le bon goût et l'élégance ont présidé à sa somptueuse décoration. Il fallait de pareilles galeries pour recevoir un assortiment aussi riche de chapeaux de toutes formes et de toutes saisons, défiant tous concurrents comme cachet et qualité.

M. Lapalus cherchait depuis longtemps un poste avantageux, où il pût faire valoir son talent en chapellerie. Il l'a trouvé, et, aujourd'hui, ses magasins seront le palais de la mode à Bordeaux et le rendez-vous obligé des *sportmen*, pour tout ce qui concerne la chapellerie habillée, de fantaisie ou de voyage. Rien, du reste, ne souffre moins la médiocrité que le chapeau ; M. Lapalus l'a compris ; aussi sa fabrication est-elle irréprochable.

Les chapeaux de ville et de voyage des frères

SHEEN, *fossés de l'Intendance*, 7,

ont une réputation méritée de légèreté et d'élégance. Le *sport* bordelais les a pris en faveur, et c'est justice. MM. Sheen ont eu peu d'efforts à faire pour distancer leurs concurrents.

CHAUSSURES.

C'est encore une chose indispensable

u complément d'une élégante toilette ; ussi devons-nous indiquer les magasins le

M. RENAUD, *allées de Tourny*, *12*,

n des premiers bottiers de la ville ; et eux de

M. ROUSSELOT AINÉ, *rue Sainte-Catherine*, *6*,

qui tient spécialement la chaussure pour lames. M. Rousselot consacre depuis longtemps ses soins minutieux à cette spécialité, et réussit journellement à étendre sa clientèle, si grande déjà. Ses magasins de chaussures sont les plus élégants de la ville. Pantoufles de luxe. — Exportation et détail.

COIFFURE.

La coiffure de dame a un artiste spécial à Bordeaux, et cet artiste est

M. FERRON, *rue Sainte-Catherine*, *95*.

M. Ferron va à domicile, et se charge

de toutes fournitures de parfumerie dont il tient un dépôt dans son coquet magasin, qui sert de succursale à ses salons de coiffure. Il fait également tous travaux en cheveux.

On peut aussi citer

M. CHAUMEIL, *à la Galerie Bordelaise, n° 16.*

PEIGNES, BROSSES & PARFUMERIE.
(SPÉCIALITÉ.)

M. KOCH jeune, *rue Sainte-Catherine, 42, au coin de la rue de la Devise.*

Ce magasin de spécialité, si avantageusement connu, est richement assorti et continuellement pourvu d'un choix exceptionnel de peignes en écaille, buffle, ivoire, corne, etc., etc.

La brosserie et la parfumerie y sont aussi parfaitement représentées.

Les vitrines de M. Koch jeune sont, en outre, d'une élégance qui permet à chaque visiteur de voir la richesse de cet assortiment, où tout est marqué en chiffres connus.

Éponges fines. — Bourses et éventails. Gros, détail et exportation.

OPTICIENS.

Les lunettes, conserves, et en général tous les articles qui concernent la vue, sont parfaitement établis par nos meilleurs opticiens.

M. RIPAMONTI, *fossés du Chapeau-Rouge*,

tient en outre la spécialité de tous instruments de marine et d'observatoires.

DENTISTES.

C'est une spécialité dont nous ne parlerions qu'à regret, si nous n'avions pas des praticiens qui, par leur habileté, peuvent être d'un grand secours. Un des plus recommandables de la ville et des plus en faveur est

M. MAILLET, *allées de Tourny*, 28.

La réputation de M. Maillet a peu besoin de grandir ; il connaît la bouche humaine jusque dans ses plus petits détails, il la raisonne en véritable jurisconsulte, et la traite d'une façon toute particulière. M. Maillet donne à son travail un fini et un cachet qu'il est difficile à tout autre d'atteindre, surtout pour les dents artificielles et les soins à apporter à l'entretien de la bouche.

PATISSERIE.

Quiconque n'a pas besoin du dentiste peut avoir le goût des friandises ; aussi lui conseillons-nous de s'arrêter chez

M. JEGHER, *allées de Tourny*, 20.

Les pâtisseries de M. Jegher sont beaucoup plus appétissantes que tout ce que nous pourrions en dire; ses salons sont le rendez-vous des dames élégantes qui suivent les offices de l'église Saint-Dominique et qui fréquentent nos belles promenades de Tourny.

M. GAZEAUD, *fossés de l'Intendance*, 17,

est aussi en première ligne.

CONFISERIE.

La confiserie bordelaise, comme la pâtisserie, a une réputation européenne; aucune ville ne peut mieux faire que

M. VÈNE, *rue Sainte-Catherine*, 15,

M. CHAMPION, *même rue*, 18,

et M. RAMBEAU, *fossés de l'Intendance*, 6.

Il suffit de visiter ces trois magasins si somptueux pour se faire une idée des soins que ces messieurs apportent à leurs travaux de confiserie, de sucrerie et de fruits confits, qu'ils expédient sur une vaste échelle, soit à l'intérieur, soit aux colonies, où leurs marques sont si avantageusement connues.

Le chiffre des affaires au détail en toutes saisons, et notamment aux jours de l'an, s'élève, dans ces trois maisons, à des sommes considérables; et les étrangers, en passant à Bordeaux, visitent journellement ces véritables palais de bonbons et de sucreries.

PHOTOGRAPHIE.

Sur les promenades de Tourny, nous trouvons les ateliers de photographie de

MM. ARNAUDE, *allées de Tourny, 46.*

Les expositions de tableaux et de portraits que cette maison fait en ville sont une garantie de tout ce que nous pourrions dire de flatteur à son adresse. Pas un voyageur ne quittera Bordeaux sans lui avoir fait photographier son portrait en médaillon ou en grandeur naturelle. Un pareil cadeau fait à une personne qui vous est chère n'a pas de prix, quand il offre une ressemblance aussi parfaite que celle produite par la bonne photographie.

Pour les personnes qui ont l'humeur moins douce, et par conséquent plus guerrière, nous devons naturellement conseiller l'achat d'armes de luxe ou de chasse.

ARMURIERS.

M. CAMPAGNAC, *fossés du Chapeau-Rouge*, 1.

Les armes exigent des garanties de solidité et de bonne fabrication, qu'un amateur même expérimenté ne peut toujours reconnaître lui-même. Il est donc important d'indiquer à nos lecteurs une maison recommandable par son honorabilité et son assortiment, et à laquelle ils puissent s'adresser en toute confiance. La maison d'armes de M. Campagnac, fondée depuis plus de vingt ans, à proximité de la Bourse et du port, réunit toutes ces conditions.

Dans ce beau magasin, on trouve un magnifique assortiment d'armes des meilleures fabriques de France et de l'étranger, toutes finies dans la maison même, qui fait aussi les fusils *de façon*. Nous y avons surtout remarqué une splendide collection de fusils Lafaucheux, dont l'usage est devenu général depuis quelques années.

Les pistolets *revolvers* à six coups, dont chacun apprécie aujourd'hui l'utilité, s'y trouvent en très-grand nombre. Ceux qui nous ont paru réunir le plus d'avantages, sont : les *Colt* américains, les *Adams* anglais, et les systèmes français Lefaucheux et Devisme. Ce dernier revolver, dont la maison a le dépôt, réunit à beaucoup de simplicité une justesse aussi grande que celle d'un pistolet de tir.

Une correspondance journalière avec Paris permet à cette maison d'avoir des articles de chasse de la plus grande nouveauté.

C'est aussi dans le magasin de gros, annexé à celui de détail, que MM. les capitaines de navires et commissionnaires vont faire leurs approvisionnements d'armes.

CHOCOLATERIE.

Le chocolat est un des articles dont on se munit toujours pour les voyages des Pyrénées et des bains de mer; et un bon chocolat est difficile à rencontrer. Une foule de maisons, depuis quelques années, ont cherché à s'acquérir un renom à force de réclames, et ces réclames ont généralement été payées par les consommateurs.

L'établissement de la *Chocolaterie bor-*

delaise de

MM. F. ORDINSKI et Ce, *rue Puits-de-Bagne-Cap*, 5,

dont la belle usine à vapeur est établie au Bouscat, n'a pas eu besoin de recourir à ces moyens souvent trompeurs, pour s'acquérir la confiance du public. Les chocolats de cette maison, qui deviendra une des plus importantes de nos contrées, sont d'une qualité supérieure.

Indépendamment de la chocolaterie, MM. Ordinski fabriquent également les moutardes, les conserves de légumes, les vinaigres aromatisés, et tiennent toutes sortes de pâtes alimentaires. — Détail et exportation.

CAFÉS.

Le bon café n'est pas une chose moins rare que l'excellent chocolat. Une maison spéciale en ce genre,

M. E. MASSET, *rue Sainte-Catherine, 142, et rue Fondaudège, 28 (succursale)*,

a voulu tenir de bon café de toutes les provenances. La vogue s'est portée sur ses produits, et il en fait aujourd'hui un commerce fort étendu. Il tient aussi un grand assortiment de cafetières, de brûloirs et de moulins à café ; du thé et du café de glands doux.

VINS EN BOUTEILLES.

Si le bon chocolat est un excellent compagnon de voyage que nous recommandons, nous devons aussi signaler le bon vin, qui est peut-être encore plus indispensable, parce qu'il est rare d'en trouver, surtout aux Eaux, où l'on paie souvent fort cher de détestables vins opérés.

Une maison de Bordeaux, M. RENARD,

à la

CAVE BORDELAISE, *fossés du Chapeau-Rouge*, 52,

a parfaitement compris l'importance que pouvait prendre un pareil commerce; aussi, depuis plusieurs années, M. Renard s'est créé un cercle d'affaires fort étendu.

Peu de voyageurs passent aujourd'hui à Bordeaux sans commander à M. Renard une caisse de vins assortis, que cet honorable négociant expédie à l'adresse qu'on lui indique, sur n'importe quel point des territoires français ou étrangers.

M. Renard tient aussi d'excellent rhum, cognac, liqueurs étrangères, notamment, le curaçao de Wynand Fockink, et les vins de Champagne des premières marques.

CARTONNAGE, PAPETERIE DE LUXE ET FANTAISIES DE TOUS GENRES.

On ne peut guère visiter qu'une maison en ce genre à Bordeaux, parce que cette maison réunit toutes les spécialités de la fantaisie et du bon goût. C'est un vaste bazar dont l'entrée est libre, et qui renferme tout ce que l'art peut offrir de plus élégant et de plus gracieux ; depuis l'enveloppe de lettres modeste, jusqu'aux albums et nécessaires, bronzes d'art, porcelaines et articles de Chine du plus grand prix.

Tout s'étale dans ce somptueux magasin sous les formes les plus attrayantes de toutes espèces d'articles fantaisie et de luxe ; il suffit de visiter l'établissement de

MM. CERF et NAXARA, *fossés de l'Intendance*, *19*,

et l'on se fera une haute idée des soins qu'ont dû y apporter ces honorables industriels pour doter Bordeaux de galeries qui peuvent rivaliser avec celles de Susse et Giroux, de Paris.

MM. Cerf et Naxara font travailler sous

leurs yeux, et dans d'immenses ateliers situés à la suite de leurs galeries, toute une population d'ouvriers et d'ouvrières, et dirigent, par leur goût exquis, tous les caprices de l'art et de la fantaisie. Leurs efforts intelligents ont été couronnés d'un plein succès, et leur grande fabrication peut à peine suffire aujourd'hui aux demandes qui leur arrivent tous les jours de France ou de l'étranger.

Tous les voyageurs, en visitant Bordeaux, sont attirés chez MM. Cerf et Naxara. Ces messieurs ont eu plusieurs médailles, notamment à l'Exposition universelle de 1855, à celle de Londres, et à New-York où ils ont un débouché immense de leurs élégants cartonnages.

TABLETTERIE.

A propos des articles de bureau, nous devons citer aussi, et comme corollaire, la tabletterie de luxe de

M. BOUILLET, *à la Galerie-Bordelaise.*

Il est impossible de trouver en province un magasin plus luxueux en ce genre. La maison Bouillet, de Bordeaux, n'est, du reste, que la succursale de celle de Paris. M. Bouillet possède une collection remarquable d'éventails, de paroissiens et de christ en ivoire, d'une grande richesse, et se charge de toutes réparations relatives à son genre d'industrie. Il fabrique en grand tous les articles de billard.

BILLARDS.

Les billards de

M. FITZ-GÉRALD, *cours de Tourny, 4,*

ont une réputation de qualité qui a valu à ce fabricant la clientèle la plus étendue. Tout le monde aujourd'hui en possède un dans sa maison de campagne.

MALLETIERS.

Les malletiers les plus en renom et les mieux assortis en articles de voyage sont, sans contredit,

M. GIRAL, *rue Esprit-des-Lois*, 24,
et M. BABIN, *fossés du Chapeau-Rouge*, 38.

M. Giral tient un dépôt des articles de GERMAIN, *de Paris*, et possède une maison à Bayonne.

BANDAGISTES.

La meilleure et la plus ancienne maison est celle de

M. GENDRON, *rue du Parlement*, 26.

Elle se recommande elle-même par son assortiment complet de bandages. M. Gendron est, en outre, chirurgien-herniaire de l'Hôpital.

GLACES.

M. JACQUETTI, *rue Saint-Remi*, 50.
M. LEDENTU, *allées de Tourny*, 30.

CONSERVES ALIMENTAIRES.

M. RODEL, *rue du Jardin-Public*, 37 *et* 39.
MM. ARDOUIN, *rue des Lauriers*, 3, *fournitures de navires, conserves alimentaires, fabrique de vermicelle, de balais et de bouchons.*

Ces deux maisons sont d'une importance considérable, et font un commerce de gros fort étendu.

DROGUISTES.

On peut s'adresser, en toute assurance, à

MM. DUCASSE FRÈRES ET Cᵉ, *rue Sainte-Colombe*, 4 *et* 6.
MM. DESPAX ET GROS, *rue des Épiciers*, 5.
MM. BARANDON ET LAURENT GESTAS, *rue Saint-James*, 49.

Ces maisons ont acquis depuis longtemps une grande renommée, et font un commerce fort important en gros et au détail.

PAPIERS PEINTS.

Les papiers peints de

M. FATOU, *place du Parlement*, *14*,

M. DESTREM, *fossés de l'Intendance*, *55*,

et M. SILVAIN, *rue Esprit-des-Lois*, *37*,

sont en haute faveur.

PAPIERS ORDINAIRES EN GROS.

MM. ROLLAND frères, *quai Bourgogne*, *20*

M. HAUTE, *cours du XXX Juillet*, *9*.

TAPISSIERS.

Nous avons en ce genre, dans le quartier Saint-Michel, un vaste magasin tenant des meubles de tous les prix.

M. ESCALÈRE, *fossés Saint-Éloi*, **26** *et* **28**.

M. Escalère a un cercle d'affaires fort étendu dans Bordeaux, et fait aussi l'exportation.

L'élégance et la solidité des meubles de cette maison lui ont valu de grandes affaires depuis deux ans, époque de son agrandissement.

M. Escalère se charge aussi de toutes les fournitures de literie en gros et en détail, et fait l'échange des vieux mobiliers.

ÉTOFFES POUR MEUBLES.

Les étoffes pour meubles devaient trouver une page dans ce *Guide-poche*, parce que ce genre de spécialité est fort rare en province. Il est difficile à une ville moins importante que Bordeaux d'avoir des magasins spéciaux pour ce genre d'industrie ; c'est donc une garantie en faveur du riche assortiment de

M. Henri LACOSTE, *rue Sainte-Catherine, 39.*

Le damas et la moquette, la perse et la brocatelle, les mousselines et les reps brochés ou imprimés, les rideaux de luxe, tout cela se trouve dans les vastes magasins de M. Lacoste.

Inutile de dire ici l'avantage qu'a l'acheteur de s'adresser aux magasins spéciaux ; il se résume en deux mots : *variété pour le choix et prix plus avantageux.*

M. Lacoste tient aussi une spécialité de linge de table, de toilerie, de couvertures en laine ou en coton, de calicots, flanelles, etc., et vend tout à prix fixe.

CHAISES.

Cette spécialité devait trouver un fabricant qui s'y consacrât tout entier; et sous cette enseigne : AU PAUVRE DÉLAISSÉ,

M. Charles DELOY, *rue du Loup*, *44*,

a ouvert un magasin où il étale des chaises, fauteuils, tabourets et banquettes de beaucoup d'élégance et de solidité. M. Deloy, qui se charge de toutes réparations dans son genre d'industrie, fait aussi l'exportation.

ARTICLES DE PARIS.

Une maison richement assortie, et tenant plusieurs spécialités, est sans contredit celle du

BAZAR DE PARIS, *rue Sainte-Catherine*, *91*, *en face de la fontaine Saint-Project.*

M. Lavergne, son propriétaire, a joint aux jouets d'enfant les plus beaux et les plus en vogue, et à la parfumerie, l'élégante poterie à la mode, de l'imitation de Bernard de Palissy. On se fait peu l'idée du succès de cette dernière branche de son industrie ; aussi chaque jour M. Lavergne renouvelle-t-il ses rayons, et se voit-il obligé d'ouvrir des galeries dans les appartements supérieurs de sa maison. — Succursale à Toulouse, rue Saint-Rome, 23. — Exportation.

CARROSSERIE & SELLERIE.

M. BERGEON, *allées d'Orléans, 28, rue Esprit-des-Lois, 17, et place des Quinconces, 8.*

M. AUDINEAU, *fossés de l'Intendance.*

La carrosserie bordelaise, on le sait, est au moins aussi belle que celle de Paris, et l'art, en ce genre, est chaque jour en progrès dans nos murs. Nos principales maisons travaillent aujourd'hui pour toute la France; et si elles luttent avantageusement pour l'élégance et la solidité, elles travaillent aussi à des conditions de prix plus favorables à l'acheteur.

BRASSERIE.

La bière de

M. LABURTHE, *à La Bastide*,

dame le pion, disent les connaisseurs, à toute autre. Sa réputation est du reste établie depuis de longues années.

Nous ne pouvions pas, dans cette *Promenade industrielle*, ne pas signaler d'une manière spéciale, aux amateurs d'agriculture, l'intéressant et utile

MUSÉE AGRICOLE ET INDUSTRIEL

dont un homme dévoué aux intérêts de l'agriculture dans notre beau département a doté, à grands frais, notre ville depuis près de vingt-cinq ans; aussi les instruments et machines construits par

M. HALLIÉ, *allées d'Orléans*, 10,

avec un soin tout particulier, sont-ils employés avantageusement dans nos contrées, et fréquemment demandés pour les colonies françaises et étrangères.

M. Hallié a trouvé dans le Gouvernement et les sociétés d'agriculture de véritables et justes appréciateurs de son talent, qui n'ont pas laissé échapper une occasion pour lui en témoigner leur haute satisfaction en lui décernant des médailles honorifiques d'or et d'argent.

M. Hallié a reçu, depuis la fondation de son Musée, trois médailles d'or, trois rappels; trois médailles d'argent et deux rappels; de plus, deux *mentions honorables* à l'exposition universelle, et, en 1856, au concours agricole universel de paris, *deux médailles d'argent et une mention honorable.*

Tous ces titres suffisent, nous le croyons, pour engager les amateurs d'agriculture, si nombreux aujourd'hui, à visiter le Musée de M. Hallié, où sont entassés, comme dans un véritable arsenal, tous les instruments modèles qui s'attachent à cette noble industrie, et dont plusieurs sont créés par lui.

Nous signalons particulièrement à l'attention des visiteurs, outre la jolie collection des modèles en petit, *l'égrenoir à maïs, le moulin jumelle agrono-domestique, la ravale culbuteuse, les charrues à vignes*, etc., etc.

Une des choses qui méritent d'attirer aussi l'attention du voyageur à Bordeaux est, sans contredit, la vaste étendue des chantiers de

CONSTRUCTIONS MARITIMES.

Cette industrie, qui est devenue une des gloires de Bordeaux par l'importance qu'elle a prise, a été hautement appréciée par le jury international, qui a décerné à

M L. ARMAN, *constructeur à Bordeaux, quai de Paludate*,

député de l'arrondissement de Libourne,

et inventeur du système de construction mixte en bois et en fer, UNE GRANDE MÉDAILLE D'HONNEUR.

Voici le texte du rapport du jury international à ce sujet :

« En France, M. LUCIEN ARMAN, à Bordeaux, a
» conquis aussi un rang très-élevé, en imaginant
» un système de construction mixte, en bois et en
» fer, d'après lequel il a déjà exécuté ou mis sur
» les chantiers 33 bâtiments ne jaugeant pas moins
» de 25,000 tonneaux, et de ce nombre, les deux
» corvettes-transports de l'État *la Gironde* et *la
» Dordogne*. *La Mégère*, corvette de guerre à hé-
» lice, a été construite à Rochefort selon le sys-
» tème de M. Arman. C'est un des bâtiments qui
» ont rendu les services les plus actifs et les plus
» utiles dans la mer Noire, et des qualités duquel
» M. le capitaine de frégate Devaulx, qui la com-
» mandait, n'a cessé de rendre le meilleur compte.

» Frappé, d'une part, de la rareté croissante
» des bois de construction et de l'augmentation de
» leur prix; d'autre part, des inconvénients bien
» constatés ajourd'hui des bâtiments tout en fer,
» M. Arman a su conserver à la construction en fer
» ses avantages de solidité et de durée, et enlever
» en même temps à ce genre de construction les

» inconvénients qu'il avait présentés dans la prati-
» que.

» Dans son système, la carlingue, les membru-
» res et les liaisons horizontales sont en fer; entre
» les membrures en fer sont intercalées des mem-
» brures en bois, beaucoup plus légères que celles
» employées dans les constructions ordinaires, et
» destinées à recevoir le bordage. Des porques dia-
» gonales complètent les liaisons. On peut ainsi
» laisser tout le navire à découvert; le vaigrage
» n'est pas nécessaire, et, dans le cas d'une voie
» d'eau, on peut, instantanément, y porter remède.

» M. Arman construit des bâtiments à vapeur et
» des bâtiments à voiles. Il s'attache à donner aux
» derniers la forme de clippers, et, dans ce genre
» de construction, M. Arman a pris la tête des
» constructeurs français. Il donne à la longueur de
» cette sorte de navire environ cinq fois la lar-
» geur, et ses avants sont encore plus effilés, peut-
» être, que ceux des clippers américains ou cana-
» diens.

» *Le Laromiguière*, vapeur de commerce que
» tout le monde a pu voir à Paris, a été construit
» par M. Arman. Il a fait une navigation active
» dans le Levant. Il s'est échoué près de Gallipoli,
» sur les rochers où tout autre navire eût été in-
» failliblement mis en pièces, tandis qu'il a résisté
» aux efforts des vagues, et a pu être réparé.

» Plusieurs constructeurs n'ont pas tardé à
» adopter le système mixte de M. Arman, en y
» introduisant quelques modifications, et se sont
» fait aussi représenter à l'Exposition ; mais l'idée
» première et l'exécution première appartiennent
» à l'honorable constructeur de Bordeaux, auquel,
» dans ce grand port, la notoriété accorde le pre-
» mier rang, non seulement pour ses entreprises
» hardies, mais encore pour l'organisation philan-
» thropique qu'il a donnée à ses ateliers. »

Après un pareil rapport, il nous est difficile d'ajouter un mot élogieux à l'adresse de M. Arman; nous ne pouvons que constater la prospérité sans cesse croissante de ses chantiers, en disant que l'Empereur de Russie, frappé de la solidité de ses constructions, lui a fait faire, cette année, deux magnifiques corvettes.

BISCUITS DE MER.

Les biscuits de mer de

M. TRÉNIS, *place Fondaudège*, *16*,

ont, dans la marine, une vogue qui est une

garantie de leur excellente fabrication. Nous ne saurions assez recommander cette maison déjà si importante.

CIRIERS.

La fabrique de cire la plus importante de Bordeaux est celle de

MM. MALLET, *cours du Jardin-Public, 122.*

Ces messieurs font des affaires immenses en exportation.

GRAVURE, LITHOGRAPHIE, TAILLE-DOUCE, LIBRAIRIE.

J.-B.-J. CONSTANT, *place de la Comédie.*

Timbres secs et humides pour administrations et commerce, médailles, cachets-armoiries, boutons de livrée, plaques de gardes champêtres, panonceaux pour notaires, huissiers et avoués, presses à jarret, nouveau système pour timbres secs, et généralement tout ce qui a trait à la gravure sur métaux. Cartes de visite, adresses, factures, mandats; superbes vues de Bordeaux et environs, détachées et par album. Fournitures de bureau.

LIBRAIRES.

M. FERET, *fossés de l'Intendance.*
M. CHAUMAS-GAYET, *fossés du Chapeau-Rouge.*
M. MULLER, *rue Ste-Catherine.*
M. DUCOT. — Mme FAUDOAS, *cabinet de lecture, livres espagnols.* — M. SAUVAT. — M. HUGUES.

LIGNES
DES
CHEMINS DE FER DU MIDI

En sortant du département de la Gironde par le chemin de fer de Bordeaux à Cette, on entre dans celui de

LOT-ET-GARONNE

Ce département tire son nom des principales rivières qui l'arrosent. Il est situé dans le bassin de la Garonne et sur les deux rives de cette rivière. Il a été formé de l'Agenais et du Bazadais, dépendant de la Gascogne, et de quelques portions de l'ancien diocèse de Cahors.

Il est borné au nord par la Dordogne, à l'ouest par la Gironde, à l'est par le Lot et le Tarn-et-Garonne, au sud par le Gers.

L'arrondissement d'AGEN est d'une richesse agricole comme on en rencontre peu.

La Garonne, qui traverse ce département, prend sa source au val d'Aran, en Espagne, et arrive à Agen, grossie de plusieurs petites rivières, après un parcours de 125 kilomètres environ.

Les principaux produits de ce département sont : quelques mines de fer, des céréales, les célèbres *pruneaux d'Agen*, du liége, du chanvre et de la résine ; les tabacs de Tonneins et les races bovines agenaises, etc.

MARMANDE est la première ville de quelque importance qu'on rencontre sur la ligne du chemin de fer, après La Réole ; elle n'a conservé aucun monument remarquable, et est bâtie sur un riche coteau. Elle a été, sous la république de 1848, un foyer révolutionnaire et le théâtre de quelques actes de véritable barbarie.

Tonneins n'offre de remarquable que sa magnifique Manufacture impériale des tabacs, dont la fondation remonte à 1721, et son Hôtel-de-Ville.

Correspondance pour Villeneuve-sur Lot, Puy-l'Évêque, Fumel, etc.

Agen, chef-lieu du département de Lot-et-Garonne, siége d'une Cour impériale et d'un évêché. Cette ville remonte à une haute antiquité, et était la capitale des Nitiobriges. Elle a été pendant longtemps le foyer de grandes dissensions religieuses.

On ne voit à Agen de remarquable que les promenades du Gravier, plantées par le duc d'Épernon; le pont-canal, et la cathédrale. Un couvent de Carmes est établi à mi-côte, en face de la gare du chemin de fer du Midi, et une église y est en ce moment (1857) en construction.

Agen est la patrie de Joseph Scaliger,

de Bernard de Palissy, de Lacépède, et du barbier Jasmin, poète gascon, en haute faveur *parmi ses compatriotes.*

On trouve à Agen des correspondances pour les Pyrénées, Lectoure, Fleurance et Auch.

Le Grand-Central va avoir un embranchement qui reliera Agen à Cahors et à Périgueux.

Un des meilleurs hôtels de cette ville est, sans contredit, L'HOTEL DE FRANCE, sur la magnifique avenue des allées du Gravier. C'est le pied à terre de la clientèle riche et aristocratique.

TARN-ET-GARONNE

Le département de Tarn-et-Garonne tire son nom des deux rivières qui s'y réunissent et qui l'arrosent. Il a été formé en 1808. Il est borné au nord par le Lot, à l'est par l'Aveyron et le Tarn, au sud par la Haute-Garonne, à l'ouest par le Gers et le Lot-et-Garonne.

Les produits principaux de ce département sont : la toile, la poterie, la farine dite *minot*, plumes à écrire, chevaux, mulets, vins, fruits, etc. C'est dans le Tarn-et-Garonne qu'on prépare les conserves de volailles et les pâtés de foie d'oie dits *pâtés de Toulouse*.

Ce département possède quelques dolmens druidiques à Septfons, Bruniquel, Saint-Antonin, Loze, Saint-Projet, etc. ; des *tumulus*, dont le plus remarquable est celui du Bretou ; des buttes, des camps retranchés, des restes de camps romains à Gandalon, à Asques et à Bouloc, et une foule de ruines romaines et du moyen âge.

Ce département est traversé par la grande ligne des chemins de fer du Midi à partir de Laspeyres. Ce chemin de fer suit à peu près la direction du canal du Midi jusqu'à Moissac, où il passe au moyen d'un petit tunnel entre la ville et le coteau. A la sortie de Moissac, le chemin de fer traverse le Tarn un peu en amont du pont-canal, vient toucher Castelsarrasin, et se dirige, de là, sur Montauban. La gare de cette ville est située derrière le faubourg de Ville-Bourbon. De Montauban, le chemin de fer se dirige sur Montbartier, et traverse la forêt de Mentech; il longe ensuite le canal dans les communes de Dieupentale, Grisolles et Pompignan, jusqu'au département de la Haute-Garonne.

MONTAUBAN *(Mons Albanus)*. Population, 24,750 habitants. Elle est située sur un plateau qu'entourent le Tarn et le Tescou, et domine une plaine immense et d'une richesse de végétation extraordinaire. Montauban a eu à soutenir au moyen âge des siéges importants, notamment en 1621, à l'époque des guerres de religion.

Les promenades de Montauban sont

fort belles et remontent aux années 1667 et 1730; de l'une d'elles on aperçoit, par un beau temps, le sommet neigeux des Pyrénées.

La plupart des maisons sont bâties en briques, et rappellent un peu les constructions du vieux Versailles.

Les seuls monuments de Montauban sont la cathédrale, la Préfecture, la salle de spectacle, et une porte en arc de triomphe à l'entrée du pont qui traverse le Tarn.

Montauban est la ville de France où le calvinisme a le plus de religionnaires. Elle est la patrie du grand peintre Ingres, dont on trouve une toile remarquable dans la sacristie de la cathédrale; de Lefranc de Pompignan, que Voltaire poursuivit toute sa vie de ses sarcasmes, et auquel il n'adressa d'éloges qu'à propos de ses fameuses strophes sur la mort de J.-B. Rousseau.

Les restes de Lefranc de Pompignan

sont déposés dans l'église paroissiale de Pompignan, petite commune du département.

Hôtels. — L'hôtel le plus connu de Montauban est celui *de l'Europe*, tenu par M. Delmas.

HAUTE-GARONNE

Ce département tire son nom de sa position sur le cours supérieur de ce fleuve. Il est borné au nord par le Tarn-et-Garonne, à l'est par l'Aude, au Sud par les Pyrénées, et à l'Ouest par le Gers et les Hautes-Pyrénées.

C'est dans ce département que se trouve la Maladetta (montagne maudite), dont le sommet est élevé de 3,176 m. 83 c. au-dessus du niveau de la mer.

Ce département est justement renommé par sa fertilité qui semble prodigieuse. On fait, dans les environs de Rieux, deux récoltes par an. La Garonne a un parcours de 620 kilomètres jusqu'au Bec-d'Ambès. Le Canal latéral, qui longe la Garonne, a coûté près de 35,000,000 de francs.

La principale gare du chemin de fer du Midi est celle de

TOULOUSE.

Cette gare est située sur le bord du Canal et à l'extrémité des allées Louis-Napoléon, anciennement *allées Lafayette*.

Toulouse, qui possède une population de 95,000 habitants, est une ville fort ancienne, qui resta longtemps sous la domination des Gaulois, des Romains, des Visigoths, et sous celle des Mérovingiens et des Carlovingiens. Elle passa ensuite au pouvoir des comtes, qui la gouvernèrent comme les doges et les podestats gouvernaient les républiques italiennes. La république toulousaine exista, du reste, jusqu'à la fin du XVIe siècle, et le capitoulat fut aboli en 1590, époque de la réunion de Toulouse à la couronne de France.

Toulouse pourrait avoir encore de nos jours des cathédrales comme Cologne et des cloîtres comme Pise, mais tout a presque disparu aujourd'hui.

Sous les Romains et les Visigoths, Toulouse était, à peu de chose près, telle qu'au moyen âge. A cette époque, les murs commençaient au Château-Narbonnais, suivaient le jardin de l'Inquisition, aboutissaient à la chapelle de Saint-Dominique et de là au Palais; bordaient les jardins de la Sénéchaussée, les Hauts-Murats, les portes Montgaillard, Montoulieu et Saint-Étienne. La muraille suivait la rue du Rempart-Saint-Étienne, la rue Basse-du-Rempart, aboutissait à la porte Villeneuve, traversait le Capitole sous l'Arsenal, passait à côté de la grande porte, traversait la place, les Jeux de Paume de la rue Mirabel, et allait aboutir au monastère des

Dominicains. Elle longeait le monastère de Notre-Dame-du-Sac, se dirigeait vers la descente des Blanchers, à l'endroit appelé les Placettes, aujourd'hui port Saint-Pierre, et s'appuyait enfin sur le château du Bazacle. De là elle se continuait le long de la Garonne et allait rejoindre le Château-Narbonnais.

Le CAPITOLE ou HOTEL-DE-VILLE a une façade d'ordre ionique, due aux inspirations de Cammas, architecte.

Cette façade se compose d'un arrière-corps et de trois avant-corps. Celui du milieu a huit colonnes en marbre rouge et est surmonté d'un fronton triangulaire, dans le tympan duquel est l'effigie de Napoléon Ier. Au-dessous, on lit, gravé sur le marbre, le mot : CAPITOLIUM. Sur le haut du fronton sont deux faisceaux d'armes, deux statues représentant la Justice et la Force, et deux Génies soutenant un écusson, derrière lequel est la sonnerie de l'horloge. Aux deux extrémités de la façade, on voit sur deux frontons les armes de la ville. Au-dessus de l'un s'élèvent les statues de Clémence Isaure et de Minerve; l'autre, au côté opposé, représente les figures de Melpomène et de Thalie.

On trouve, en entrant dans le Capitole, un grand vestibule orné de trophées, puis la première cour, terminée à droite et à gauche par des arcades, avec deux portes ornées de colonnes doriques et de belles figures. La porte en face est de Nicolas Bachelier, ainsi que les trois figures et les ornements dont l'archivolte est entourée. Au milieu on distingue les armes de la ville : *des gueules à la croix vidée, cléchée, pommetée et alaisée d'or, soutenue d'une vergette d'argent, un agneau de même brochant sur la vergette, la tête contournée; en chef, deux tours d'argent donjonnées de trois donjons; au chef d'azur semé de fleurs de lis d'or.* Une statue de Henri IV, en marbre noir, est placée à l'entablement avec cette inscription :

HIC THEMIS DAT JURA CIVIBUS,
APOLLO FLORES CAMOENIS, MINERVA
PALMAS ARTIBUS.

Après la porte de Bachelier, on trouve une espèce de vestibule qui a plusieurs issues.

Dans la seconde cour est une tour carrée, et une porte par où l'on arrive à un escalier conduisant à la salle des Archives. A la droite de l'escalier est la porte du Petit-Consistoire.

La troisième cour est clôturée par les restes de l'ancien Arsenal, dont on voit encore la porte; cette porte est ornée de moulures, de bas-reliefs, et flanquée de quatre colonnes représentant des canons.

A gauche des débris de l'Arsenal s'élèvent les bâtiments de la Commutation, dont l'entrée est dans la rue Louis-Napoléon; à côté de la porte qui débouche dans la rue du Poids-de-l'Huile, est un puits en fer assez élégant. Au n° 25 de la rue Louis-Napoléon, on trouve l'hospice des Orphelines ; et au n° 10, l'Académie des inscriptions et belles-lettres.

La *salle des Illustres*, qui est fort vaste, renferme les bustes des grands hommes toulousains, parmi lesquels on remarque : Guillaume de Nogeret ; le pape Benoît XII, ancien pâtre ; le célèbre Jacques Cujas, mort à Bourges en 1590 ; le sculpteur Nicolas Bachelier ; de Campistron ; Paul Riquet, de Béziers, l'auteur du Canal du Midi ; Lapeyrouse.

Après la salle des Illustres, on trouve celle de Clémence Isaure, la muse toulousaine, avec cette inscription sur une table d'airain placée au-dessous de son buste :

« *Clémence Isaure, fille de Louis Isaure, de l'illustre famille des Isaure, s'étant vouée au célibat, comme l'état le plus parfait, et ayant vécu cinquante ans vierge, établit, pour l'usage public de sa patrie, les marchés au blé, au poisson, au vin et aux herbes, et les légua aux capitouls et aux citoyens de Toulouse, à condition qu'ils célébreraient chaque année les Jeux-Floraux dans la maison publique qu'elle avait fait bâtir à ses dépens ; qu'ils y donneraient un festin, et qu'ils porteraient des roses sur son tombeau ; que s'ils négligeaient d'exécuter sa volonté, le fisc s'emparerait, sous les mêmes charges, sans autre forme de procès, des biens légués. Elle a voulu qu'on érigeât en ce lieu un tombeau, où elle repose en paix. Elle a fait cette institution de son vivant.* »

On remarque un tableau représentant une cérémonie des Jeux au moyen âge.

La petite pièce qui vient à la suite renferme les archives de l'académie des Jeux-Floraux et le coutelas qui servit à trancher la tête à Montmorency. La poignée et la lame de ce glaive effrayant ne font qu'un. Au milieu il y a un dauphin couronné, et au-dessous le mot *Tolose*, avec le millésime de 1622.

Les autres salles du Capitole sont celles des Festins, des Capitouls et du Petit-Consistoire.

Le Capitole sert aujourd'hui d'hôtel de ville. On nous excusera de ne pas parler du théâtre ; il ne serait pas généreux d'y faire entrer le visiteur.

Église Saint-Sernin. — Cette église est le plus beau monument d'architecture byzantine existant en France ; elle remonte aux VIIIe et IXe siècles. La porte de Miégeville est précédée d'un portique de Nicolas Bachelier ; celle des Comtes est ornée de chapiteaux représentant les sept Péchés capitaux.

Cette basilique renferme, vers l'orient, neuf chapelles, et douze autres dans les diverses parties de ce vaste monument.

L'abside paraît au-dessus de ces chapelles, et est dominée par les murs de la nef principale.

Il y a cinq nefs, comme à Saint-Paul de Rome. La coupole est décorée d'une peinture du XVIe siècle, représentant le Christ environné des symboles des quatre évangélistes. Les boiseries du chœur datent du XVIe siècle. La dernière haute stalle à gauche représente *Calvin le porc prêchant*.

Cette église si remarquable renferme une foule de reliques précieuses, et a vu s'agenouiller sur ses dalles les plus grands hommes de France : Du Guesclin, Charles VI, François Ier, Charles IX, Louis XIV, Napoléon Ier et Napoléon III.

Saint-Étienne. — Après Saint-Sernin, nous devons naturellement parler de l'église Saint-Étienne, aujourd'hui la cathédrale de Toulouse.

Cette basilique a un cachet à part que nous n'essaierons pas de définir. Sa nef, qui appartient au style lombard, est ornée de quelques tableaux de mérite. Le chœur, d'architecture gothique, fut incendié en 1609 et restauré en 1612. L'autel est de l'ordre corinthien, et les colonnes supportent les statues des quatre évangélistes ; la niche représente le martyre de saint Étienne.

C'est dans cette église que, selon une coutume toulousaine, on donnait, chaque année, un soufflet à un juif le jour de Pâques. Un chroniqueur de 1027 raconte que Hugues, vicomte de Rochechouard, en bailla un si rude au juif, qu'il lui écrasa la tête et lui fit sauter la cervelle et les yeux.

Église de la Daurade. — Cette église a été construite sur l'emplacement d'un ancien temple consacré à Apollon, et ne conserve rien aujourd'hui de sa haute antiquité.

On croit généralement que Clémence Isaure fut inhumée dans l'église de la Daurade, et c'est pour cela, sans doute, qu'on y célèbre tous les ans la bénédiction des fleurs en or et en argent destinées aux vainqueurs des Jeux-Floraux.

Église Saint-Pierre. — Sous Raymond

de Saint-Gilles, comte de Toulouse, elle servait de lieu d'assemblée et s'appelait *Saint-Pierre des Cuisines,* nom qu'elle devait au voisinage de fours banaux. Sa forme est celle d'une croix allongée ; le dôme est surmonté d'une statue en plomb d'une grande proportion ; l'autel est à deux faces et en marbre. C'est aux artistes toulousains qu'est due l'ornementation de cette église.

Église du Taur. — Son origine est fort ancienne. Bâtie sur l'emplacement où saint Saturnin, appelé dans le pays saint Sernin, apôtre des Gaules, fut martyrisé, cette église n'était, au Ve siècle, qu'un oratoire dont saint Exupère, alors évêque de Toulouse, fit une église dont le nom rappelle le martyre du patron de la ville de Toulouse. Cette église, dont la dernière construction appartient au XIVe ou au XVe siècle, est du genre gothique.

Église de Notre-Dame de la Dalbade. — Elle possède les tombeaux des chevaliers

Gérard, chevaliers de Malte. C'est dans cette église que la duchesse de Montmorency vint réclamer le corps de son époux à Louis XIII et à Richelieu, qui assistaient au service funèbre en l'honneur du duc.

La *Maison de Pierre*, près de l'église de la Dalbade, est en ce moment (juillet 1857) en réparation. La façade de cette maison est ornée de sculptures d'un assez mauvais goût.

Presque en face de la *Maison de Pierre*, et attenant à l'église de la Dalbade, est l'*hôtel Saint-Jean*, sur l'emplacement duquel s'élevait jadis le couvent des Templiers, qui, plus tard, fut occupé par les chevaliers de Malte. On y tient aujourd'hui les marchés aux draps.

On remarque aussi à Toulouse le pont de pierre, l'hospice et la statue de Riquet.

Les fontaines publiques n'ont rien d'extraordinaire.

La capitale du Languedoc est la ville de la ligne qui mérite la plus longue station. Il n'est pas un voyageur de Bordeaux à Cette qui ne fasse une halte de deux ou trois jours dans la si intéressante patrie de Clémence Isaure, la fondatrice des Jeux-Floraux, en si haut renom, jadis et encore aujourd'hui, parmi les poètes et poètereaux du beau pays de France.

Rendons également hommage à la Compagnie des chemins de fer du Midi, qui a si habilement organisé les heures d'arrivée à Toulouse et celles de départ, qu'on peut presque, sans se détourner de son voyage, y faire une station d'au moins un jour, en y arrivant par un train *mixte* et en en repartant par l'*express*.

Ce n'est pas en cela seulement que nous avons à complimenter cette Compagnie, qui cherche, dans les moindres détails, à être utile et agréable aux voyageurs. Ce qui frappe surtout, après un service actif et intelligent, c'est la politesse exquise des moindres employés envers n'importe quelle classe de voyageurs.

Nous ne sommes, dans ces quelques lignes, que l'écho affaibli des sentiments de tout le monde à ce sujet. Les employés des chemins de fer du Midi ont résolu par l'affirmative ce fameux problème, à savoir : *Est-il possible d'allier la rigidité d'une consigne à la politesse envers tout le monde ?*

Cet hommage rendu, nous allons, comme à Bordeaux, servir de *cicerone* à nos lecteurs qui auraient quelques achats à faire à Toulouse, en visitant avec eux un représentant de chaque industrie dans les principaux quartiers de la ville.

Comme en voyage surtout on cherche l'aise et le confortable, nous avons cru devoir indiquer de suite un

PATISSIER-GLACIER,

et pour cela nous entrons, en passant,

chez

M. FOURNIÉ, *allées Louis-Napoléon*, 1, anciennement *allées Lafayette*.

Sa proximité du boulevard et des promenades fait de cet établissement un lieu de rendez-vous aussi agréable que de bon ton. La haute société toulousaine s'y rend tous les soirs, et l'aspect champêtre qu'offrent ses vastes terrasses couvertes d'orangers, est des plus attrayants et des plus gracieux.

M. Fournié a, du reste, attaché à son établissement les meilleurs glaciers de la Suisse, et peut offrir des sorbets et des punchs glacés défiant ceux d'Hévert et de Tortoni.

C'est aussi là, — établissement spécialement destiné aux dames et aux familles, — qu'on trouve la véritable glace napolitaine et la fine pâtisserie toulousaine.

De la pâtisserie, on peut bien, en touriste, aller poser deux minutes devant un instrument de

PHOTOGRAPHIE,

et demander à

M. Adolphe TRANTOUL, *rue Louis-Napoléon*, *15, au second,*

un portrait sur plaque, papier ou porcelaine. Rien n'est impossible à cet artiste, qui retouche et colorie avec tant d'habileté, qu'il surpasse les plus belles miniatures. C'est du reste un procédé connu de lui seul, et qui lui a valu la vogue dont il jouit et les éloges des peintres les plus distingués.

PLUMES ET FLEURS.

Nous avions cru voir à Paris des chefs-d'œuvre artificiels. Bordeaux nous a désillusionné, et Toulouse nous a ébahi.

Jamais plus de finesse et de grâce n'avait passé sous nos yeux avant d'avoir visité les magasins de

M. B. BÉRINGUIER, *rue Saint-Rome, 10, au 1er*.

Cette maison, qui existe depuis plus de vingt ans, confectionne tout ce qui regarde la plumasserie et les fleurs artificielles, et tient un immense assortiment de fournitures pour la confection des fleurs, prépare les plumes et marabouts avec un goût irréprochable, et a continuellement en magasin des coiffures de bal ou de noce, d'une fraîcheur inimitable et d'une grâce sans égale.

M. B. Béringuier est le premier fleuriste de la province; c'est dire qu'il tiendrait le premier rang à Paris, aujourd'hui que le goût et la grâce sont décentralisés par les rapides communications qui lient les grandes villes entre elles et surtout à la capitale.

Un peu plus loin, les élégantes

CHAUSSURES

de bal et de soirée, de voyage ou ordinaires, forment un bazar immense à la tête duquel est

M. RINGAUD, *rue Saint-Rome*, 24.

C'est chez M. Ringaud que Cendrillon et Ninon de l'Enclos, si elles existaient, voudraient se chausser. L'artiste toulousain découpe ses pièces avec des instruments d'or, et les fait coudre, tantôt par des fées, tantôt par des bras vigoureux, selon les besoins de ses clients.

Sa spécialité de chaussures en caoutchouc n'est pas la partie la moins importante de son commerce pendant l'hiver.

Rien ne se confectionne dans ses ateliers hors de sa surveillance, et le choix des matières premières, joint à la supériorité de son travail, est pour ses chaussures une garantie suffisante de leur solidité.

CHEMISIERS.

Nous l'avons dit déjà : la chemise, c'est le cachet de l'homme comme il faut, et, à Toulouse comme à Bordeaux, nous trouvons des magasins spéciaux :

MM. SAMARAN ET Cie, *rue Saint-Rome, 30, au 1er*,

par le fini de leur travail et l'élégance de leur coupe, ont attiré la bienveillante attention de S. A. R. *Mgr Henri de Bourbon*, dont ils sont depuis longtemps les fournisseurs. Médailles d'or et de bronze, rien ne manque à ces habiles chemisiers qui ont une maison à Paris, et qui font en grand l'exportation. MM. Samaran tiennent également les gilets de flanelle et les caleçons confectionnés ou sur mesure. Toutes les grandes familles du Languedoc s'approvisionnent chez ces messieurs.

Presque en face, nous trouvons les

ARTICLES DE PARIS

du coquet magasin de

M. LAVERGNE, *rue Saint-Rome*, 23.

Cette maison, la même qu'à Bordeaux, rue Sainte-Catherine, 91, a un riche assortiment d'imitations de poterie de Bernard de Palissy et un véritable caravansérail de tous autres articles de tous prix.

Si nous laissons pour un instant la rue Saint-Rome, et si nous cherchons un

BIJOUTIER,

nous ne pouvons mieux nous adresser qu'à

M. ANCELY, *rue de la Pomme*, 63.

Les vastes et riches galeries de M. Ancely défient toute concurrence. On ne peut, à meilleure enseigne, acheter un bijou ou une parure. Le bon goût de M. Ancely se trahit dans les moindres articles de son palais d'or et de diamants.

En nous rapprochant du Capitole, nous trouvons l'excellente

CHAPELLERIE

de

M. PLANÈS, *rue de la Pomme*, 67.

Les chapeaux de M. Planès ont un cachet qu'on ne définit pas, on l'admire. Il tient, en outre, une spécialité de malles en tissus de bois imperméables que nous recommandons vivement aux amateurs.

OPTICIEN.

C'est sur le même côté et près de M. Delboy, libraire, que nous trouvons le riche magasin de

M. BIANCHI, *rue de la Pomme*, 73.

En face, les arts et la

MUSIQUE

ont établi leur quartier général chez

M. MARTIN, *rue de la Pomme*, 72.

Les magasins de M. Martin renferment

une collection musicale aussi riche que variée, depuis la musique la plus humble jusqu'à la plus savante.

Ses pianos, et les harmoniums et harmonicordes de Debain, sont d'une qualité supérieure ; on en trouve, dans ses salons, de toutes formes et de tous facteurs.

M. Martin a un mode de vente que peut-être nul autre facteur n'a offert jusqu'à ce jour : il reprend, après un an, tous les pianos qui sortent de chez lui et les change contre de nouveaux, sans faire supporter à son client une location ou une indemnité, si l'instrument n'est pas détérioré.

En suivant la rue de la Pomme, on arrive devant un magasin de

TABLETTERIE

appartenant à

M. MÉRICANT, *rue des Arts*, 26.

M. Méricant ne pouvait pas habiter une *autre rue ;* son magasin est un petit temple rempli d'objets d'art, d'un fini et d'une élégance inimitables. L'ivoire, l'écaille et la nacre, sous les doigts de cet habile artiste, prennent toutes les formes, et deviennent des objets gracieux et de prix.

M. Méricant tient aussi un grand assortiment de cannes et de billes de billard, dont il fait un très-grand commerce, ainsi que des jeux de société de toutes sortes.

Pour en terminer avec ce quartier déjà si bien garni de magasins de premier ordre, nous ne pouvons pas ne pas entrer dans ceux de

CHAUSSURES

de

MM. RINGAUD FRÈRES, *rue de la Pomme*, 36, qui, comme ceux de la rue Saint-Rome, n° 24, sont un bazar aussi coquet qu'utile et confortable ; on y trouve toujours quelque chose à son pied, voudrait-on un escarpin de bal ou des bottes de sept lieues comme le petit Poucet ! Chez eux, la qualité a toujours été sœur de l'élégance ; aussi la vogue ne les a-t-elle pas oubliés une heure !

Après avoir exploré la rue de la Pomme, nous nous hasardons à la recherche d'un magasin de

DENTELLES & BRODERIES.

A notre grande satisfaction, nous voilà devant les vitrines si renommées de

AMIEL ET TEYSSIER SŒURS, *place de la Trinité, 1, à l'angle de la rue des Changes.*

La réputation de cette maison est complètement battue par la réalité. C'est un amas de dentelles de Flandre des plus grands prix, de Valenciennes et de Malines. Les applications de Bruxelles, les voilettes de Chantilly, les blondes, les broderies de Nancy, tout est là pêle-mêle, à rendre folle une femme coquette et à ruiner un mari.

Nous conseillons fort aux dames de pousser les messieurs jusqu'au coin de la rue des Changes ; ils seront pris, et ne pourront pas reculer devant ce luxe.

Et dans cette rue des Changes, en passant devant le n° 18, on sent ses regards enlacés dans les

RUBANS (a la source des)

les plus coquets et les plus frais que jamais fabrique ait produits. Entrez, et

M. Isidor PHILIP, *rue des Changes, 18,*

qui a la seule maison spéciale en ce genre à Toulouse, va vous éblouir par ses arcs-en-ciel aux mille couleurs en soie ou en velours. Des rubans en gros, des rubans au détail et en tous genres, M. Philip en a de quoi contenter toutes les filles d'Ève, malgré la consommation immense de ce gracieux article ! Toute la ville et tout le Languedoc dévalisent journellement ce magasin, et chaque matin *la source coule encore.* Quelle fée que ce M. Philip !

Nous avons jusqu'ici, surtout, visité des magasins ; nous voici en face d'une magnifique manufacture d'

ÉTOFFES & PASSEMENTERIE,

appartenant à

MM. ROUGET FRÈRES, *rue du Canard, 8.*

Cette maison, déjà si connue, a obtenu six médailles, notamment une à *l'Exposition universelle de 1855.*

Ces messieurs fabriquent, sur la plus vaste échelle, les étoffes de soie pour meubles et voitures, et tiennent un somptueux assortiment de reps, lampas, brocatelles et damas qu'ils vendent *en gros* et *au détail* à des prix qui, quoique modérés, ne permettent nullement de douter de leurs qualités supérieures.

Puisque nous venons de parler de médailles, nous ne pouvons passer sous silence la

COUTELLERIE

qui a, à Toulouse, un de ses plus dignes représentants dans

M. FERRAS, *rue des Couteliers, 51.*

Cet industriel a obtenu six médailles de tous modules, et possède des ateliers immenses de fabrication qui lui permettent de fournir à son commerce de *gros* et de *détail.*

M. Ferras est le fournisseur titulaire de l'École de Médecine et de l'École vétérinaire ; ses rasoirs et sa coutellerie de table et de fantaisie ont acquis une réputation européenne. Nous n'avons jamais vu d'aussi gracieuses trousses de voyage et de si beaux nécessaires de toilette que ceux de M. Ferras, qui en fait un grand commerce d'exportation.

Si vous habitez Toulouse, ou si vous quittez cette ville un mois ou deux, il vous faut des

VINS ET LIQUEURS;

et où en prendre, si vous n'allez pas en demander à

M. BRUNET GENDRE DAVID DE LIMOUX, *place Saint-Pantaléon, 1?*

La Bourgogne et le Médoc, l'Espagne et le Haut-Rhin, Limoux, Lunel et la Champagne, tous ces crûs renommés ont établi leur cave chez M. Brunet; aussi peut-on de confiance lui acheter en caisse ou en pièce. Ses liqueurs de Hollande, ses anisettes de Marie Brizard, de la veuve Amphoux, son rhum et son cognac, tout cela, sous son étiquette, défie la fraude et assure de la qualité.

AUDE

En quittant la Haute-Garonne, on rentre bien vite dans l'Aude, à la hauteur de la commune de Montferrand.

Le département de l'Aude a une population d'environ 290,000 habitants, et produit du blé, des vins, et possède quelques mines. C'est dans l'Aude qu'on récolte la fameuse blanquette de Limoux et le miel de Narbonne. On y fabrique des draps et des lainages.

CASTELNAUDARY est la première ville importante de la ligne ferrée dans ce département; elle n'offre rien de remarquable, sinon sa position pittoresque sur un mamelon très-fertile. C'est la patrie d'Alexandre Soumet.

Les habitants de Castelnaudary, lors de l'inauguration du chemin de fer, ont été assaillis par la presse parisienne pour avoir pavoisé leurs maisons et la gare avec des drapeaux de 1848; d'où sa dénomination de *république de Castelnaudary*.

CARCASSONNE est à la fois une ville ancienne et une ville nouvelle qui offre fort peu d'agrément. La ville nouvelle et la Cité (*ville ancienne*) sont bâties sur les deux rives de l'Aude. Ni l'une ni l'autre ne se font remarquer par la somptuosité de leurs hôtelleries; la seule où l'on puisse descendre est *le Grand Hôtel Saint-Jean*, près de la gare. Cette industrie est dans ce pays à l'état natif.

Carcassonne est entourée de boulevards, et possède plusieurs fontaines jaillissantes, notamment une en marbre blanc sur la place aux Herbes, où l'on trouve la librairie nouvelle de M. Maillac; les ruisseaux coulent à pleins bords; seulement les ménagères, dès le matin, versent dedans les plus dégoûtantes ordures. Les cuvettes à l'anglaise et les entreprises d'inodores sont inconnues dans ce pays.

Les habitants, en ouvrant leurs volets, ont l'habitude de faire le signe de la croix, soit pour remercier le Créateur de leur faire revoir le jour, soit de peur de rencontrer sur la rue un calviniste ou un albigeois, auxquels ils ont de tout temps voué une grande antipathie.

Toutes les femmes, dans cette ville, nous ont paru vieilles ; c'est peut-être à Carcassonne que doit commencer la fin du monde par les *sept années de stérilité de la femme* annoncées dans la Genèse.

Les Carcassonnais de la Cité croient descendre directement de Noé, ou tout au moins des Troyens. Le fait suivant vous donnera une idée de ces habitants au sujet de leur vanité généalogique et historique :

On voyait, au siècle dernier, sur la porte principale de la Cité, un bas-relief représentant le buste d'une grande femme vêtue en amazone, et au-dessous on lisait ces deux mots : *Carcas sum*, je suis Carcas. Voilà une excellente étymologie ! De *Carcas sum* à *Carcassum*, qui a été une des formes du nom qui nous occupe, il n'y a qu'un pas. Qu'était donc cette Carcas? Du temps que les Sarrasins occupaient toute la Gaule narbonnaise, Carcassonne était en leur pouvoir. Charlemagne, qui avait résolu de les chasser au delà des

Pyrénées, vint assiéger cette ville, et fut retenu devant ces murs pendant cinq longues années. Cette résistance étonnante à l'invincible Empereur et à ses vaillants paladins était l'œuvre de notre héroïne, de la dame Carcas, Sarrasine qui joignait au plus haut degré la ruse au courage, comme on en peut juger. En effet, les vivres n'avaient pu durer cinq ans, tous les habitants étaient morts, moins Carcas. Cette femme extraordinaire n'en fut point découragée, mais elle garnit les murs de mannequins armés, et, faisant le tour des remparts, elle tirait des flèches sur les ennemis, étonnés de voir toujours si nombreuse et si vigilante garnison. Comme elle voulait aussi ôter à Charlemagne l'espérance de prendre la ville par la famine, elle eut recours à une autre invention : elle fit manger un boisseau de blé à un porc, et le précipita du haut des remparts ; naturellement le porc gorgé se brisa, et son ventre gonflé creva. Quelle ne fut pas la stupeur des assiégeants en voyant que dans cette place on nourrissait les animaux de basse-cour avec le plus pur froment! Cela supposait des provisions inépuisables. Charlemagne, en homme sensé, abandonna un siége inutile, mais non sans se retourner pour voir une dernière fois cette place, objet de tant de dépenses perdues. O merveille! Une des tours s'incline et le salue; depuis ce temps elle s'appelle tour de Charlemagne, et l'on dit même qu'elle ne s'est pas redressée de son salut. Cependant Carcas, satisfaite d'avoir joué l'empereur d'Occident, le rappela, lui ouvrit les portes, et le reconnut pour son seigneur. Charlemagne admirant ses stratagèmes et son courage, voulut que la ville portât son nom et fût appelée Carcassonne. Ce siége de cinq années par Charlemagne, et le reste, est de l'histoire, à peu près comme les quatre fils Aymon ou le Roland furieux.

Narbonne est une ville fort ancienne,

qui joua dans l'histoire des Gaules et de l'empire romain un grand rôle. Elle conserve malheureusement peu de traces et de souvenirs de ces temps reculés. C'est une des premières villes de province qui se prononça ouvertement pour la révolution de 1789.

Les vins de Narbonne et ses tanneries jouissent d'une grande réputation ; mais son produit le plus délicat est ce miel si blanc et si aromatique que les abeilles narbonnaises vont butiner dans les champs de thym, de lavande et de romarin, que la charrue défriche chaque jour. L'église de Saint-Just, fondée en 1271, est d'un gothique hardi et remarquable. La voûte se ferme à 40 mètres au-dessus du sol. De nombreux couvents existaient à Narbonne : Dominicains, Carmes, Augustins, Carmélites, Ursulines, etc. Huit pestes ont dépeuplé Narbonne ; celle de 1348, selon les annales municipales, y enleva 30,000 habitants, ce qui prouve à la fois et la violence du fléau et la grande population de la ville, qui compte aujourd'hui trois fois moins d'habitants qu'elle n'en perdit alors.

Narbonne renferme de nombreuses fabriques et de grandes manufactures; elle fait un important commerce en grains, vins, miel, huile d'olive et fruits secs : sa position sur un embranchement du Canal latéral, et sur le chemin de fer du Midi, à la bifurcation de celui de Perpignan, a considérablement accru sa prospérité.

Hôtels. — Le meilleur hôtel que nous avons à recommander à Narbonne est l'HOTEL DE FRANCE, dirigé par M. Monier. Cet hôtel, indépendamment de vastes appartements et salons pour famille, et un confortable à citer, a, dans ses murs même, un établissement de bains.

HÉRAULT

Nous entrons dans le département de

l'Hérault un peu après Coursan. Ce département possède les mines houillères de Graissessac, du cuivre, du plomb, de la magnésie, et les excellents vins blancs de Lunel et de Frontignan, connus aussi sous la dénomination de *vin muscat*. L'olive et les fruits secs du Midi sont aussi une branche importante de son commerce.

Béziers. — Le séjour de Béziers était jadis fort renommé pour son agrément, ce qui inspira à un poète latin ce vers flatteur :

Si vellet Deus in terris habitare, Biterris.
Si Dieu voulait habiter la terre, il habiterait
[Béziers.

Un plaisant ajouta :

Ut iterum crucifigeretur.
Pour être de nouveau crucifié.

C'est à Béziers que naquit Riquet, à qui ses compatriotes ont élevé une magnifique statue.

On ne s'arrête guère à Béziers ; on

peut, en y arrivant par un train du matin, en repartir par un train de l'après-midi dans n'importe quelle direction.

AGDE, à 33 kilomètres de Béziers, ville fort ancienne, a été chantée par Strabon. Son église de Saint-Etienne, en style gothique, est fort curieuse. Les maisons sont bâties en lave, et les rues en sont pavées. On voit tout près le cratère du volcan de Saint-Loup, les bords si riants du canal du Midi, le cirque volcanique des Conques sur le bord de la mer, l'île Brescou, — volcan éteint, — le fort creusé dans le roc.

CETTE

est bâtie sur une presqu'île, entre la Méditerranée et l'étang de Thau, à l'embouchure du canal du Midi. Elle possède un tribunal de commerce, une école d'hydrographie, navale et commerciale. Du haut de la montagne de Cette, sur laquelle est bâtie l'église Saint-Clair, le touriste voit à ses pieds un des plus beaux panoramas dont on puisse jouir : la Méditerranée, Cette, le chemin de fer de Nîmes et Montpellier et celui du Midi, étendant tous les deux, de chaque côté, leurs longs bras sur l'écume même de la mer, qui semble, en expirant sur la grève, reconnaître la puissance de la vapeur, et se retirer honteuse dans son lit, comme si elle s'avouait vaincue.

La Restauration a fait construire un brise-lames pour abriter le port de Cette contre les fureurs de la mer dans le golfe. Louis-Philippe fit communiquer la mer avec l'étang de Thau au moyen d'un nouveau canal.

Les magnifiques quais de Cette, le môle, de 600 mètres de long, défendu par le fort Saint-Louis, font de cette intéressante ville un des plus beaux ports de France.

Cette est l'entrepôt de tous les bassins de l'Hérault et de toutes les villes de la ligne des chemins de fer du Midi pour les ports de la Méditerranée et l'Algérie. Son port a un mouvement de plus de 4,000 navires par an.

Son commerce principal est le vin, l'eau-de-vie et les grains. Il y a, à Cette, de puissantes maisons, parmi lesquelles nous trouvons celles de MM. Warthe, Frédérickt, Courtoy, Néral, etc.

MM. Deshayes frères ont une maison spéciale pour les charbons de terre anglais.

Les bains de mer de Cette, déjà si renommés, attirent chaque année cinq ou six mille baigneurs. Sans vouloir nuire à la plage du bassin d'Arcachon, nous pouvons dire hardiment qu'elle ne souffre pas de comparaison avec celle où la *Compagnie des Bains de mer du Midi* va faire élever un établissement qui coûtera plus de deux millions. Les plans dépassent, à nos yeux, tout ce qu'il y a de plus somptueux en ce genre : hôtels, cafés, théâtres, salles de danse, salles de bain, salons de lecture, salons de conversation, tout y sera réuni. Cette entreprise gigantesque fera la fortune de la petite ville de Cette, déjà si florissante, et, loin de nuire aux établissements déjà existants, elle sera pour eux une ère nouvelle de réussite.

Les curiosités à visiter à Cette sont : en première ligne, le Musée de M. Doumet, maire, dont l'entrée est publique tous les dimanches de une heure à quatre heures ; ce cabinet, d'une valeur de plus d'un million, ferait honneur à plus d'une grande ville ; les étrangers peuvent le visiter tous les jours ; — le fort Louis ; — le Môle et la montagne de Saint-Clair.

Les hôtels, malgré la grande affluence d'étrangers, n'ont pas encore songé au luxe et au confortable. Il faut espérer qu'avec toutes les communications d'aujourd'hui, ce progrès ne se fera pas attendre longtemps. Nous n'avons à citer, pour le moment, que les

HOTELS & RESTAURANTS

de

M. BARDOU, *rue de l'Hôtel-de-Ville, 12, ancien hôtel* GAUDARD.

C'est le seul, à Cette, qui ait compris la nécessité du luxe, de la bonne table, et du bon vin surtout. Tout y est d'un goût exquis et d'une propreté toute parisienne. Le restaurant à la carte de M. Bardou fera fortune. Cet établissement, qui manquait à Cette, approvisionne ses caves dans les chais de la fameuse maison Cruse, de Bordeaux.

L'hôtel de France mérite aussi d'être signalé comme bonne table, chose fort importante en voyage.

CAFÉS.

La petite ville de Cette a aussi ses cafés élégants, et, sur ce point, elle n'est nullement en arrière avec les villes du parcours. Un de ceux qui réunissent le mieux l'excellence des rafraîchissements au confortable de l'établissement, est celui de

M. SANT, *Grande-Rue, 12.*

Les salons du rez-de-chaussée, consacrés aux fumeurs, sont vastes et parfaitement aérés, et la terrasse, constamment couverte de fleurs, ne désemplit pas, ainsi que les salons du premier, où les charmantes baigneuses vont, chaque soir, prendre leurs glaces ou leurs sorbets. M. Sant est glacier lui-même, et s'est acquis, sur cette plage, une réputation que tous ses confrères envient mais n'atteignent pas; c'est ce qui explique la préférence qu'on lui donne et qu'il justifie si bien.

Les autres industries ont grand besoin de progresser pour mériter d'être signalées dans nos prochaines éditions.

Quiconque est à Cette doit naturellement faire une promenade jusqu'à Montpellier et à Nîmes par le chemin de fer de Tarascon.

Ces deux villes, Nîmes surtout par ses antiquités de toutes sortes, sont trop célèbres pour n'avoir pas droit à une visite.

Montpellier, dans une position topographique merveilleuse, est renommée par ses jolies femmes et son climat incomparable. De célèbres malades des siècles derniers ont été y chercher la santé, entre autres : Jean-Jacques Rousseau, Young et sa fille qui y mourut. Rabelais y suivit les cours de la Faculté de Médecine.

Le plus beau point de vue qu'on ait depuis Montpellier est celui de la place du Peyrou et de l'esplanade de la Citadelle.

On descend, à Montpellier, à l'

HOTEL DU MIDI, *tenu par* M. Masson,

ou à l'

HOTEL DE LONDRES, *rue de la Comédie.*

Les cafés les plus en faveur sont ceux de la *Comédie* et du *Pavillon.*

Nimes, chef-lieu du département du Gard. Ce département, dont le ciel est presque toujours beau et pur, a fait dire au poète Reboul :

... Le ciel, se peignant d'un éternel azur,
Est presque monotone à force d'être pur.

Nîmes est située dans une riche et fertile plaine; la ville proprement dite est entourée de boulevards spacieux; le plus beau est celui qui s'étend de l'*Esplanade* à la *Fontaine*. Ce dernier nom est celui que l'on donne à son jardin public, qui rappelle le jardin du Luxembourg à Paris. L'Esplanade est décorée d'une belle fontaine allégorique monumentale, en marbre blanc, dont les statues sont dues au ciseau de Pradier. Les principaux monuments modernes de la ville sont : le *Palais de justice,* l'*Hôpital général,* l'*église Saint-Paul,* le *Grand-Théâtre,* la *cathédrale,* l'*embarcadère du chemin de Montpellier,* la *maison centrale de détention,* la *Bibliothèque publique,* la *Préfecture,* le *pont du*

Gard. Les monuments romains, dont les principaux sont : la *Maison-Carrée*, l'*Amphithéâtre* ou *Arènes*, la *tour Magne*, la *porte d'Auguste*, le *temple de Diane*, les *Thermes* ou *bains d'Auguste*, suffiraient à eux seuls pour rendre cette ville chère à l'archéologue ; les monuments du moyen âge sont plus rares.

On descend, à Nîmes, à l'

HOTEL DU MIDI, *tenu par* M. DURAND,
place de la Couronne.

Cet hôtel, le premier de Nîmes, à proximité de la gare, possède de somptueux appartements, des jardins délicieux, des bains, et reçoit la clientèle la plus distinguée.

C'est à son directeur que les gourmets doivent la 7e édition du *Cuisinier-Durand.*

Nîmes est la patrie de M. Guizot, de Reboul, etc.

LIGNE DE BAYONNE.

Cette ligne du chemin de fer du Midi, depuis Bordeaux jusqu'à Bayonne, traverse les grandes landes, et ne touche guère qu'à Mont-de-Marsan par embranchement, et à Dax, où est une gare importante.

C'est à Dax qu'on trouve des correspondances pour les Pyrénées.

La ville de Dax elle-même possède une source d'eaux chaudes avantageuses pour les rhumatismes et les paralysies.

On descend, à Dax, à l'

HOTEL DE FIGARO.

La voie ferrée arrive ensuite à

BAYONNE.

Chef-lieu d'arrondissement des Basses-Pyrénées, Bayonne est une jolie ville, bien bâtie en général; l'Adour la sépare de

Saint-Esprit (Landes), où se trouve la citadelle. Sa cathédrale, qui date du XIIe siècle, est un remarquable édifice. Cette ville est la patrie de Duvergier de Hauranne, de l'abbé de Saint-Grau, l'austère janséniste, qui eut une influence si marquée dans les controverses religieuses du XVIIe siècle; de Laffitte, le banquier populaire, qui contribua si activement à l'élévation de la dynastie d'Orléans en 1830.

On peut descendre, à Bayonne, aux *hôtels du Commerce, des Grands d'Espagne*, et *de France*.

BIARRITZ. — A 7 kilomètres à l'ouest de Bayonne se trouve le bourg maritime de Biarritz, peuplé de 2,048 âmes, et très-fréquenté par les baigneurs pendant les chaleurs de l'été. Il est bâti sur des rochers élevés de cent pieds environ au-dessus du niveau de la mer. Cette côte offre un aspect pittoresque, des déchirures nombreuses, des grottes, parmi lesquelles on remarque la *Chambre d'amour*.

La tradition raconte qu'un pâtre et sa maîtresse, qui s'y étaient réfugiés pour échapper au courroux d'un père opposé à leur mariage, y furent surpris par la marée montante, et y périrent.

Depuis nombre d'années déjà la plage de Biarritz est en possession d'une vogue très-méritée; l'établissement thermal n'y est pas fixe, mais c'est dans l'anse du Port-Vieux qu'on se baigne de préférence. Là, la grève est douce, le flot moins agité, le site pittoresque, et de hautes murailles naturelles coupées à pic dans le rocher protégent ce point contre les vents d'est et de nord..... Dans les flancs du rocher de Port-Vieux, on a pratiqué des chemins spacieux et commodes d'où la vue domine le bourg, la mer, la plage et la colonnade dorique du vaste établissement des bains chauds, situé en travers et à peu de distance de la principale anse thermale. En suivant le sentier de droite, on arrive par une pente insensible à l'*Atalaye* (au cap), d'où l'œil embrasse tout un panorama immense : d'un côté, la *villa Eugénie*, résidence impériale, le phare à éclipses et à feu tournant qui surmonte la pointe de Saint-Martin de Biarritz, l'embouchure de l'Adour et des flottilles de chasse-marées et de navires à hautes manœuvres gouvernant vers la pleine mer; la côte du Mencin, que l'on voit se confondre à l'horizon avec la mer; de l'autre côté, et à gauche, les dunes de Bidard, le beau village de Guéthary, dont les maisons blanches sont disposées en emphithéâtre; le Soroa et sa tour crénelée; Fontarabie et toute la côte d'Espagne; sous ses pieds, on a les vagues se brisant sur les rochers et retombant en cascades; devant soi, enfin, le vaste Atlantique.

On descend, à Biarritz, aux confortables *hôtels d'Angleterre, de Dumont et des Princes*.

N. B. Une erreur typographique nous a forcé de mettre à la fin seulement ces quelques pages qui devaient avoir naturellement place au chapitre de l'*Industrie toulousaine*, au folio 243.

OPTICIEN.

M. BIANCHI, *ingénieur-opticien, rue de la Pomme, 73.*

Les relations qu'a M. Bianchi avec Paris, et ses magnifiques ateliers de Toulouse, lui ont attiré la confiance illimitée de sa clientèle. Réparation d'instruments, fabrication sur plan ou indication, *spécialité* de verres à lunettes pour les approprier aux diverses vues, tout cela se fait dans cette maison, la plus importante de Toulouse, et sans rivale.

M. Bianchi vend aux prix de Paris tous

les instruments de physique, d'astronomie et de mathématiques.

Indépendamment de cette branche si importante de l'industrie, M. Bianchi tient aussi les articles d'art et de luxe du célèbre Tahan, de Paris, et une foule d'autres fantaisies enfantées par les artistes les plus habiles de la capitale; tout est coté en chiffres connus.

Tout le monde visitera cette véritable arche de Noé de l'art et de la science, et rendra hommage au fini et au bon goût de tous ces articles sur lesquels l'artiste a jeté les plus belles étincelles de son génie.

M. Bianchi a encore des appareils gazogènes; ceux pour faire de la glace en quelques minutes sont aussi fort ingénieux; leur utilité est si incontestable, que nous nous contentons de conseiller à nos lecteurs de les visiter, persuadé qu'ils en feront de suite l'acquisition.

Si toutes les industries prennent en

obligation le luxe et la nouveauté, nous devons reconnaître que celle du

PAPIER PEINT

est loin de rester en arrière.

MM. CRISPY frères et Cie, *rue de la Pomme, 74, près du Capitole,*

sont deux frères jumeaux que plus de vingt ans d'expérience dans cette partie ont fait connaître à Toulouse; ils ont déployé dans leur magasin tout le luxe d'assortiment nécessité par les exigences de l'époque.

Cette nouvelle maison a déjà conquis le premier rang dans sa spécialité; cela devait être, parce que, au lieu de se contenter de fabriquer du papier peint à Toulouse, les chefs ont voulu puiser surtout leurs assortiments dans les premières fabriques de la capitale et des autres villes de France.

Les nouveautés que les artistes de Paris créent chaque année, cette fécondité de papiers riches ou modestes, mais toujours de bon goût; ces dessins admirables, ces belles décorations de style qui peuvent donner aux appartements le luxe et le confortable des tentures d'étoffe; cette grande variété, toutes ces imitations de bois, de marbre, de granit, la perse, l'algérienne, le damas, le velours; ces papiers coloriés, dorés, brodés d'or, d'argent; enfin tout ce qui est produit de plus beau, de plus élégant et de plus gracieux abonde dans cette maison. On trouve AUX FRÈRES JUMEAUX des papiers peints de tous les prix. Un salon demeure consacré à une exposition des tentures et décorations à panneaux et encadrements. C'est dans ce même salon, séparé du magasin, que l'acheteur qui a un choix considérable à faire, peut, sans être préoccupé par la foule, fixer son attention sur les variétés de papiers les plus nouvelles, et aux couleurs les plus graves comme les plus chatoyantes et les plus gaies.

MM. Crispy, en un mot, n'ont rien négligé pour les avantages de leur clientèle, dont ils se sont attiré la confiance au prix même de quelques sacrifices.

Hâtons-nous de dire que la vogue de leurs papiers peints nous prouve qu'ils n'ont pas eu tort.

CHEMIN DE FER DE PARIS A BORDEAUX.

HEURES DES DÉPARTS DE BORDEAUX.

Paris, direct. (*omnib.*), 6 h. 50 et 9 h. 10 du mat.
— (train *expr.*), 8 h. 10 du mat.

Libourne seulement, 8 h. 30 du mat. et 2 h. du s.

Paris (train *poste*), 3 h. 10 du s.

Train *omnib. mixte* n'allant qu'à **Angoulême**, 4 h. 40 du s.

Libourne, 8 h. 30 du s.

Paris, direct. (*omnib.*), 11 h. 40 du s.

HEURES D'ARRIVÉE A BORDEAUX.

Paris, 4 h. 12 du mat., *omnib.*; 9 h. 9 du mat., *poste*; 2 h. 21 du s., *expr.*; 7 h. 54 du s., *omnib.*; 10 h. 4 du s., *expr.*

Angoulême, 11 h. 30 du mat., *omnib.*

Libourne, 8 h. du mat.; 1 h. 45 et 5 h. 50 du s., tous *omnib.*

PRIX.

De Paris à Bordeaux : 65 fr. 20, — 48 fr. 90, — 35 fr. 85.

CHEMINS DE FER DU MIDI

Au 1er juillet 1857.

HEURES DES DÉPARTS DE BORDEAUX.

Ligne de Cette.

Langon, 6 h. 30 du mat.; 9 h. du mat.; 11 h. 10 du mat., *expr.*; 1 h. du s.; 2 h. du s.; 5 h. 35 du s.

Agen, 6 h. 30 du mat.; 11 h. 10 du mat., *expr.*; 2 h. du s.; 5 h. 35 du s.

Toulouse, 6 h. 30 du mat.; 11 h. 10 du mat., *expr.*; 2 h. du s.

Cette, 6 h. 30 du mat.; 11 h. 10 du mat., *expr.*

Ligne de Bayonne.

La Teste, 6 h. du mat.; 11 h. 30 du mat., *expr.*; 5 h. 30 du s.

Saint-Martin, 6 h. du mat.; 11 h. 30 du mat., *expr.*; 3 h. du s.

Bayonne, 6 h. du mat., 11 h. 30 du mat., *expr.*; 3 h. du s.

HEURES D'ARRIVÉE A BORDEAUX.

Ligne de Cette.

Langon, 7 h. 55 du mat. ; 11 h. 53 du mat. ; 1 h. du s., *expr.* ; 5 h. 45 du s. ; 9 h. 45 du s ; 10 h. 35 du s.

Agen, 11 h. 53 du mat. ; 1 h. du s., *expr.* ; 5 h. 45 du s. ; 10 h. 35 du s.

Toulouse, 1 h. du s., *expr.* ; 5 h. 45 du s. ; 10 h. 35 du s.

Cette, 1 h. du s., *expr.* ; 10 h. 35 du s.

Ligne de Bayonne.

La Teste, 9 h. 8 du mat. ; 1 h. 15 du s. ; 10 h. 15 du s.

Saint-Martin, 1 h. 15 du s. ; 10 h. 15 du s.

Bayonne, 1 h. 15 du s. ; 1 h. 30 du s., *expr.* ; 10 h. 15 du s.

HEURES DES DÉPARTS DE TOULOUSE.

Cette, 6 h. du mat. ; 6 h. 10 du s., *expr.*

Bordeaux, minuit, *expr.* ; 6 h. 40 du m., *expr.* ; 7 h. 45 du mat., *omnib.* ; 1 h. 25 du s., *omnib.*

Agen, 5 h. 50 du s., *omnib.*

HEURES D'ARRIVÉE A TOULOUSE.

Cette, midi 47, *omnib.*; 11 h. 28 du s., *omnib.*
Bordeaux, 5 h. 40 du mat., *expr.*; 4 h. 55 du s., *omnib.*; 5 h. 30 du s., *expr.*; 11 h. 47 du s., *omnib.*
Agen, 9 h. 2 du mat., *omnib.*

HEURES DES DÉPARTS DE CETTE.

Toulouse et Bordeaux, 5 h. du mat.; 3 h. 50 du s.

HEURES D'ARRIVÉE A CETTE.

Toulouse et Bordeaux, 2 h. 35 du s., *omnib.*; 11 h. 45 du s., *expr.*

PRIX.

Bordeaux à Toulouse : 28 fr. 80, 21 fr. 60, 15 fr. 85.
Bordeaux à Agen : 15 fr. 25, 10 fr. 20, 6 fr. 10.
Bordeaux à Cette : 53 fr. 30, 40 fr., 29 fr. 30.
Toulouse à Cette : 24 fr. 65, 18 fr. 40, 13 fr. 55.
Bordeaux à Bayonne : 22 fr. 30, 16 fr. 65, 12 fr. 20.
Bordeaux à La Teste : 5 fr. 95, 4 fr. 45, 2 fr. 25.

BATEAUX A VAPEUR DU BAS DE LA RIVIÈRE.

COMPAGNIE AMAND DUMEAU.

Service de Pauillac, correspondant avec les voitures de Lamarque, Saint-Laurent, Bégadan et Lesparre :

De Bordeaux à Pauillac, tous les jours, à 6 h. 1/2 du matin et 3 h. du soir.

De Pauillac à Bordeaux, tous les jours, à 5 h. 1/2 du matin et 1 h. du soir.

Service de Royan, avec escale à Blaye et à Pauillac :

De Bordeaux à Royan, les mardis, jeudis et samedis, à 8 h. 1/2 du matin.

De Royan à Bordeaux, les mercredis, vendredis et dimanches.

FIN DU GUIDE-POCHE.

TABLE DES MATIÈRES.

	Pages
AGEN	217
ARCACHON	134
BAYONNE	268
BORDEAUX	8
BÉZIERS	258
BIARRITZ	269
CARCASSONNE	254
CHEMINS DE FER	26
CETTE	259
DAX	268
HEURES DES CHEMINS DE FER (Départs et Arriv.)	277
MONTAUBAN	220
MONTPELLIER	265
NARBONNE	255
NIMES	266

Pages

ROYAN 129
TOULOUSE 223
RENSEIGNEMENTS UTILES sur Bordeaux ..... 1 à 52

CURIOSITÉS.

Quartier Saint-André..... 53
— Saint-Dominique.................... 66
— Saint-Pierre........................ 81
— Saint-Paul et Saint-Éloi 89
— Saint-Michel et Sainte-Croix..... 92
— Saint-Nicolas et Sainte-Eulalie.. 101
— Saint-Bruno et Saint-Seurin 107
— Saint-Louis (Chartrons).......... 115
Promenade hors Bordeaux 121

INDUSTRIE BORDELAISE.

Promenade industrielle 141
Armurier 191
Articles de Paris............................... 205
Bandagistes 200
Billards... 199
Bijoutiers....................................... 155
Biscuits 212
Brasserie 207
Broderie 173
Café... 194

	Pages
Carrosserie	206
Cartonnage et papeterie	196
Chaises	204
Chapellerie	183
Chaussures à vis	181
Chaussures cousues	184
Chemises	174
Chocolat	193
Ciriers	213
Coiffeurs	185
Confiseurs	189
Constructions maritimes	209
Conserves	201
Corsets	161
Dentelles et modes	154
Dentistes	187
Droguerie	201
Ébénisterie	142
Étoffes pour meubles	203
Fleurs artificielles	164
Gants	162
Glaces	201
Graveur	213
Lampes	171
Libraires	214
Lingerie	159
Malletier	200
Mercerie	160

Modes	158
Musée agricole	207
Musique	168
Nattes et tapis	166
Nouveautés	151
Opticien	187
Orfévrerie	172
Papier ordinaire	202
Papiers peints	202
Pâtisserie	188
Passementerie	160
Peignes	180
Pelleterie	165
Professeurs de musique	169
Photographie	190
Rubans	159
Tabletterie	198
Tapis	166
Tapissier	202
Vêtements	177
Vins en bouteilles	195

INDUSTRIE TOULOUSAINE.

Articles de Paris	242
Bijouterie	242
Chapellerie	243
Chaussures	240, 245

	Pages.
Chemisier	241
Coutellerie	248
Dentelles	245
Étoffes	247
Musique	243
Opticien	243, 272
Papiers peints	274
Pâtisserie	236
Photographie	238
Plumes et fleurs	238

FIN DE LA TABLE.

www.ingramcontent.com/pod-product-compliance
Lightning Source LLC
Chambersburg PA
CBHW070744170426
43200CB00007B/640